BIEN VIVRE
AU XXIe SIÈCLE

les réponses sont dans la nature

SÉDUIRE COMME UNE BICHE

ou comment trouver le bon partenaire

JEAN-BAPTISTE DE PANAFIEU
JEAN-FRANÇOIS MARMION

**préface de
Boris Cyrulnik**

salamandre

Pour Anne-Marie, bien sûr !

Jean-Baptiste de Panafieu

A celle qui m'a giflé.

Jean-François Marmion

Préface

Parce que la nature est belle

Comment pourrions nous vivre dans un monde sans séduction ? La réponse est claire : nous serions réduits à des rapports de force, comme un prédateur qui saisit sa proie et la croque.

Séduire, c'est se séparer *(separare)* et conduire *(ducere)*, attirer à soi celui ou celle que l'on convoite. Il y a du prédateur là-dedans, mais il est courtois, il ne sectionne pas pour arracher, il amène à partager ses désirs, il s'applique à plaire pour mieux corrompre, à établir un rapport d'influence sensorielle que le sujet séduit accepte, pour son grand bonheur.

La séduction constitue une sorte d'amortisseur sensoriel qui permet d'attirer l'autre sans violence, afin d'harmoniser les désirs des partenaires de l'interaction. Il suffit d'une couleur, d'une vapeur, d'une « danse » comportementale, ou d'un cri particulier pour que la rencontre sexuelle se passe sans violence. La moindre faiblesse de sécrétion phéromonale, le plus petit pas de travers au cours de la parade, révèle la défaillance développementale de l'un des partenaires qui empêche la reproduction, éliminant ainsi tout organisme malade ou mal structuré.

Dans le monde animal, la séduction est un opéra sensoriel où le premier motivé pour la sexualité se pare de ses plus belles couleurs, émet des sons à nul autre pareils, envoie des parfums comme des philtres d'amour et invite l'autre à danser afin d'harmoniser les désirs. Cette poésie de la séduction structure l'interaction, évite la violence et optimise la descendance. Ne parviendront pas à se synchroniser les trop jeunes, les trop vieux, les malades et les mal développés. Lorsque la séduction a permis la rencontre, les petits qui en naîtront auront bénéficié de l'insémination d'un mâle sain et d'une femelle maternante qui composera pour eux une niche sensorielle sécurisante et dynamisante. Le spectacle de la beauté aura harmonisé la sexualité des parents afin que la descendance se développe au mieux de ses compétences génétiques.

Et l'homme dans tout ça ? Le moment biologique de son développement est analogue à celui des animaux mais la partie verbale l'aide à échapper à sa nature pour créer le monde de l'artifice où la séduction change d'effet quand elle devient intentionnelle.

L'ontogénèse de la séduction nous éclaire sur sa fonction. Aucun nouveau-né ne cherche à séduire. Il se contente de répondre à des stimulations intimes comme la faim, la douleur ou le bien-être, en les associant à des stimulations externes comme le froid, la piqûre, la voix et le sourire d'une figure familière. Ces réactions lui permettent de tisser le premier nœud de l'attachement. En quelques mois apparaissent les jeux de faire semblant, de tomber ou de pleurer afin de provoquer la rescousse. Dès lors, le bébé joue à agir sur le monde mental de la figure d'attachement, en pointant du doigt vers un objet convoité pour provoquer l'intervention de ce géant sensoriel que, plus tard, il appellera « maman », ou en jouant la comédie, en pleurant, en faisant « comme si » afin de provoquer une rescousse affective.

La séduction devient alors une arme relationnelle. On peut chercher à dominer celui ou celle à qui l'on veut communiquer ses désirs sexuels. On peut vouloir séduire l'agresseur, ce qui amoindrit sa violence mais organise une relation particulière où le dominant est charmé par la victime non consentante.

Cette force émotionnelle joue un rôle essentiel au moment où le jeune doit quitter sa famille. Selon l'espèce, les jeunes mâles ou les femelles se sentent attirés vers l'extérieur de la niche affective où ils se sont développés. La puberté pousse le jeune à courtiser ailleurs que là où il a été attaché. On peut appeler une telle force centrifuge « inhibition de l'inceste » qui, en éparpillant les gènes, empêche l'endogamie.

Chez les humains, l'adolescence est un phénomène psychosocial qui s'ajoute à la puberté. Ce sont désormais des pressions culturelles qui vont gouverner la nouvelle orientation des jeunes. Il suffit que l'alentour familial soit organisé par l'accès aux études, au travail, à la culture des loisirs et à l'éducation pour que le jeune apprenne à séduire selon les normes culturelles. L'interdit de courtiser au plus proche devient une structure affective qui socialise (on peut courtiser cette femme, mais pas celle-là… on peut courtiser comme ça, mais pas autrement). La séduction permet de socialiser le jeune et de ventiler les gènes.

Il est arrivé que certaines cultures privilégient « l'inceste moral ». Dans la dynastie des 15 Ptolémées, les enfants des pharaons devaient se marier pour ne pas s'accoupler immoralement avec le bas peuple. Chez les Burgondes, l'inceste était considéré comme moins grave que l'aventure extra-conjugale qui dilacérait la famille et, chez les Mazdéens des hauts plateaux iraniens, il fallait rester entre zoroastriens afin d'éviter de se mêler aux musulmans. Cet inceste moral, confirmé par l'ADN de Néfertiti et d'Arsinoé, explique la fréquence des anomalies génétiques constatées chez les enfants des pharaons.

L'épistémologie qui caractérise ce livre défend l'idée qu'il n'est plus pertinent d'opposer la nature et la culture, mais qu'il faut au contraire l'harmoniser. Il n'y a plus de coupure entre l'homme et l'animal, mais un processus évolutif qui permet à l'animal humain d'échapper à la condition animale en créant le monde spécifiquement humain de l'artifice, de l'outil et du verbe. Désormais, la séduction dite naturelle peut servir intentionnellement à manipuler le monde mental des autres, pour l'attirer sexuellement comme le maquillage et l'élégance féminine, pour le soumettre relationnellement comme le pervers manipulateur ou pour le convaincre idéologiquement, comme le langage totalitaire.

On passe des heures agréables et surprenantes en lisant ce livre. On y découvre par exemple que l'orchidée est un escroc sexuel, que l'érotisme de la voix ne tombe pas dans l'oreille d'un sourd, que les recherches phéromonales se font au pifomètre ou encore qu'il faut offrir un cadeau alimentaire à sa belle pour éviter qu'elle nous dévore... Ce discours empreint d'humour qui parle d'éthologie animale ou humaine, pose aussi des questions existentielles sur l'enchantement naturel du monde vivant auquel participent les êtres humains.

Boris Cyrulnik

Introduction

Pourquoi séduire ?

Roman, film ou souvenirs personnels, nous avons tous en mémoire l'histoire d'une belle inconnue aperçue dans la nuit et dont le parfum enivrant permet au héros de retrouver la trace, ou celle du gentleman-aventurier dont les traits burinés et le smoking impeccable ne laissent pas l'héroïne indifférente. Même si l'intrigue est attrayante, ce qui nous fascine réellement, c'est la séduction elle-même. Quels sont les délicats rouages de l'attraction entre deux êtres ? Nous souhaiterions tous en découvrir les mécanismes, s'ils existent. Mais comme les profondeurs du cœur humain sont insondables, pourquoi ne pas d'abord interroger des modèles plus accessibles, ceux que nous pouvons observer dans la nature ? Malgré toutes leurs différences, les délicates danses aériennes des papillons comme les trilles mélodieuses du rossignol évoquent aussitôt pour nous le charme des amours printanières et les vertiges de la passion.

DANS LA NATURE

Appartenant au monde vivant comme n'importe quelle autre espèce, issus d'une longue lignée de primates, nous partageons avec nos cousins animaux des besoins, des désirs, voire certains comportements. Nous avons des points communs avec les chimpanzés, bien sûr, mais aussi avec les marmottes, les bouvreuils et les scarabées. Comme eux, nous nous nourrissons et nous nous reproduisons. Il n'y a pas de vie sans reproduction. Et sans séduction, le monde vivant serait tout autre. Les quelques animaux qui se passent de sexe produisent des clones d'eux-mêmes, ce qui ralentit à l'extrême leur éventuelle évolution. Même lorsque le sexe intervient, la séduction n'est pas toujours nécessaire. Lorsque l'oursin mâle émet sa laitance sous l'influence des hormones produites par une femelle vivant à bonne distance, on ne peut guère imaginer qu'il ait été séduit par son oursine...

A l'inverse, d'innombrables espèces doivent pour leur reproduction s'approcher et s'accoupler. Ou plutôt, s'approcher, s'apprécier et s'accoupler. C'est là, entre la rencontre et la fécondation, dans de subtils jeux de séduction, que se joue l'avenir de l'espèce. Le choix des partenaires est un moment essentiel. Ils ne doivent pas se tromper s'ils veulent produire des descendants en bonne santé, vigoureux, habiles, inventifs et, surtout, capables une fois adultes de se reproduire à leur tour.

Séduire ou se laisser séduire, c'est avant tout choisir. Lorsqu'intervient la séduction, les individus peuvent décider de s'accoupler, voire de constituer un couple ou, au contraire, préférer l'indifférence et s'éloigner l'un de l'autre. S'il est très difficile de connaître les goûts personnels des animaux, il est assez simple d'observer par qui ils ont été séduits. Que leur choix soit conscient ou non importe peu. Dans quantité d'espèces animales, mâles et femelles sélectionnent leurs partenaires et tentent de les séduire. Pour cela, il leur faut chanter, danser, se maquiller ou se parfumer, voire émettre de la lumière. Tous les artifices sont autorisés, ce n'est qu'une question d'organes disponibles.

Pourquoi séduire ? Pour engendrer des descendants bien sûr, pour la sécurité de la vie à deux parfois, pour un logement agréable, pour le plaisir... Cependant, même si les comportements de séduction des animaux et leurs stratégies amoureuses éveillent en nous l'envie d'y reconnaître nos propres mouvements, il faut éviter de prendre l'être humain comme base de comparaison. Chez les animaux, l'espèce exerce un poids extrême par l'intermédiaire des comportements innés, bien que les goûts et sentiments des individus puissent jouer un rôle important. Chez les humains, la volonté individuelle prime souvent sur les besoins de la collectivité.

Séduction rime avec compétition

Le temps des amours est aussi une période de conflit. Chez le grillon champêtre, le rouge-gorge ou le cerf, par exemple, les mâles se battent pour l'accès aux femelles. Chez d'autres, ce sont au contraire les dames qui s'opposent en vue d'attirer les meilleurs partis masculins. Pourtant, même si la compétition entre congénères est féroce, on ne peut qu'être ému par ce qui se joue entre les sexes. Les rituels de séduction, les chants et les parades ont quelque chose de merveilleux. Mais si les deux partenaires semblent coopérer harmonieusement pour aboutir au miracle de la vie, tout n'est pas si rose...

Un conflit latent les oppose car ils n'ont pas exactement les mêmes objectifs. Leur indispensable coopération se double d'une exploitation des qualités du conjoint à ses propres fins. Le mâle et la femelle ne portent pas les mêmes gènes et chacun va essayer de propager les siens en utilisant des stratégies un peu différentes.

Généralement, le sexe qui investit le plus de temps et d'énergie dans l'affaire va tenter de maximiser ses chances de succès en choisissant le meilleur partenaire. C'est souvent le cas de Madame puisque c'est elle qui produit de gros œufs riches en éléments nutritifs et elle aussi qui, fréquemment, s'occupe des petits. Comme le nombre d'œufs qu'elle produit est limité, elle doit exercer un choix judicieux parmi tous les prétendants qui se présentent et qui tentent de la séduire. Quant à ces messieurs, comme les spermatozoïdes qu'ils produisent se comptent par millions, ils vont tenter de féconder un maximum de femelles afin d'augmenter le nombre de leurs descendants. C'est bien ce que l'on peut constater dans la nature : plus un mâle a de partenaires, plus il a de descendants. Il privilégie donc la quantité à la qualité, ce qui va précisément à l'encontre des objectifs des femelles. Moins les mâles s'investissent dans leur progéniture, plus ils veulent s'accoupler et plus ils doivent pour cela combattre des rivaux qui ont exactement les mêmes intentions. Dans ces conditions, il leur est difficile d'accéder aux femelles ou simplement d'attirer leur attention.

Ce schéma est assez général mais pas universel. Dans certaines espèces, le mâle s'investit aussi dans toutes les phases de la reproduction, de la construction du nid au nourrissage des petits, ce qui aura des conséquences sur la stratégie de sa partenaire. Si la séduction s'accompagne toujours d'une dose de compétition, la tournure des événements varie grandement d'une espèce à l'autre. Il arrive que la situation soit strictement inverse. Chez le chevalier grivelé, un petit oiseau du littoral nord-américain, ce sont les femelles qui se combattent. Puis, après les accouplements, elles pondent dans plusieurs nids et abandonnent leurs œufs aux mâles.

La structure sociale de l'espèce joue un rôle important dans le type de choix exercé par l'un ou l'autre sexe et dans le nombre de descendants potentiels de chacun. Chez l'éléphant de mer, le mâle dominant se réserve l'accès à plusieurs dizaines de partenaires. Il a en moyenne cent descendants alors que chaque femelle n'en a que huit. Chez la mouette tridactyle, qui vit en couple stable, les individus des deux sexes ont en moyenne vingt-sept petits chacun au cours de leur vie. Bien entendu, mâles et femelles ne « décident » rien et n'« élaborent » pas réellement de stratégies reproductives. Mais ceux qui cherchent à avoir une large descendance engendrent a priori plus de petits que ceux qui ne s'intéressent pas à la question. Si ce type de comportement se transmet d'une génération à l'autre, les petits seront comme leurs parents, avides d'avoir eux-mêmes une descendance. La reproduction est un phénomène qui s'auto-entretient naturellement.

Les processus de séduction semblent en grande partie déterminés par le carcan des besoins de l'espèce. Selon les biologistes, le but final de la reproduction n'est pas de produire des descendants et de perpétuer l'espèce : ce sont les gènes qui cherchent à se reproduire, ceux des mâles d'un côté et ceux des femelles de l'autre. Chaque individu a pour unique objectif, inconsciemment bien sûr, d'offrir un avenir à ses propres gènes sous la forme du plus grand nombre de descendants possibles.

Les gènes n'ont évidemment aucune volonté propre, mais ceux qui par hasard offrent à leur porteur de meilleures chances de reproduction se trouvent automatiquement favorisés par rapport aux autres et ont tendance à se répandre dans la population, génération après génération. Si la beauté est un gage de séduction, elle se généralisera. Si une bizarrerie se révèle attirante, elle se multipliera. Le jeu de la séduction est essentiel pour la reproduction mais c'est lui aussi qui a modelé toutes les espèces, des plumes du paon aux bois du cerf, des barbes des hommes aux seins des femmes.

CHEZ LES HUMAINS

Comprendre la séduction chez l'humain : mission impossible ? Que l'auteur des passages consacrés aux humains se permette une unique anecdote personnelle. Un soir, j'ai rencontré une jeune femme qui a salué ma tactique de séduction extrêmement expéditive par une gifle retentissante. Sans surprise, les choses en sont restées là. Un an et demi plus tard, nous nous sommes retrouvés par hasard. Au bout de trois semaines nous pensions mariage, et au bout de six mois nous mettions notre projet à exécution à Venise. On n'a rien compris ! Mais y a-t-il réellement quelque chose à comprendre ? Je suis bien placé pour rappeler qu'il faut prendre avec des pincettes tout ce que l'on croit savoir à propos de la séduction chez l'être humain. Séduire un homme ou une femme pour la nuit, pour la vie, par plaisir, parce qu'on pense avoir trouvé l'âme sœur, pour ne pas rester seul, pour épater la galerie, pour rien... A vingt ans ou à cinquante, à jeun ou non, galvanisés ou découragés par l'exemple de nos parents ou amis, nous ne sommes pas tous ni en permanence, et loin s'en faut, de lointains cousins des mouettes tridactyles, toutes programmées pour une quête de monogamie et de rejetons par dizaines ! Y aurait-il autant de motifs et de procédés de séduction que de personnalités, d'étapes de l'existence, de circonstances, de moments dans la journée ? Chaque couple, pour vingt minutes ou cinquante ans, demeure unique dans sa formation comme dans son évolution. Chaque histoire est irréductible.

D'ailleurs nous aimons croire que le comportement amoureux se manifeste sous le coup de notre libre arbitre plutôt que de règles générales, et que nos choix ne sont limités que par notre morale personnelle et le consentement de nos partenaires. L'idée que nous pourrions être, même partiellement, le jouet de déterminants biologiques égratigne notre amour-propre en nous rappelant que, nous aussi, nous sommes des animaux.

Les deux faces de la médaille

Et pourtant. Bon nombre des recherches consacrées à la psychologie de la séduction se réfèrent explicitement à la théorie de l'évolution. Dans cette perspective, nos comportements demeurent fortement influencés par notre passé. En l'occurrence pas celui de notre enfance, mais celui de l'espèce. Notre cerveau, dans ses profondeurs en tout cas, serait comme une machine à remonter le temps : il est optimisé pour assurer notre survie au milieu d'un groupe de quelques dizaines de primates seulement, dans un environnement infesté de prédateurs, où les meilleures denrées alimentaires sont rares. Or la culture et la société ont évolué dans de telles proportions et avec une telle rapidité que notre cerveau, pris de court à l'échelle de l'évolution, ne s'y est pas encore adapté.

D'où un hiatus permanent entre nos goûts et nos impulsions, d'une part, et ce que nous recommandent les usages d'une société évoluée, d'autre part. Ces deux versants de nous-mêmes doivent composer en permanence. De manière irrépressible, des zones très anciennes de notre cerveau nous font juger certains types de partenaires plus ou moins attirants et nous incitent automatiquement à mettre en œuvre certains comportements avantageux pour parvenir à nos fins. Mais des aires cérébrales plus récentes, exceptionnellement développées et connectées chez l'humain, nous permettent simultanément de moduler notre comportement en fonction de ce que nous croyons bon, juste, préférable. Dans les coulisses de notre inconscient, quelque chose nous invite vivement à craquer pour une personne mais aussitôt quelque chose d'autre peut réfréner nos ardeurs. Heureusement...

Prétendre que la séduction est un comportement éminemment personnel et exclusivement culturel, ce serait donc nier notre corps et nos origines. Affirmer au contraire que tout est biologique serait nous rabaisser au rang d'une mécanique plus encore que d'une bête. La vérité, bien sûr, est entre les deux. Dans toutes les sciences, la dichotomie trop commode entre nature et culture a volé en éclats. Nous ne sommes pas plus strictement déterminés par la nature que par la culture : nous sommes influencés par les deux, sans qu'il soit raisonnable d'attribuer tel ou tel comportement à l'une ou à l'autre. Comment diable s'y retrouver ? Les sciences humaines, en particulier la psychologie, s'efforcent vaille que vaille de dégager de grandes tendances. Elles ont en tout cas le mérite de produire des hypothèses, parfois difficilement vérifiables, mais toujours stimulantes.

Quoi qu'il en soit, la nature, plutôt qu'un ennemi à fuir ou un fantôme à liquider, peut s'avérer, comme le notait Montaigne,

« un doux guide » à suivre et dont s'inspirer, en bonne harmonie avec nos contemporains et notre culture commune. Nous verrons ainsi au fil de cet ouvrage si l'observation des comportements animaux, d'une profusion étonnante, peut s'avérer utile pour mieux comprendre nos propres critères de séduction. Nous distinguons-nous si radicalement que cela des autres êtres vivants ? Ou ne faisons-nous qu'obéir à des variations sur le même thème ? Certaines espèces peuvent-elles nous inspirer, parfois aussi en montrant le contre-exemple ? Risquons-nous dans ce labyrinthe d'une richesse incroyable de comportements plus divers, inattendus, voire déroutants, les uns que les autres.

1.

Choisir comme une mouche

A intervalles réguliers, les animaux doivent faire face à des décisions cruciales : qui séduire, comment approcher l'heureux(se) élu(e), jusqu'où engager la parade nuptiale ? Les risques sont nombreux, allant de la simple perte de temps et d'énergie pour un partenaire qui pourrait se révéler décevant jusqu'à la menace de finir dévoré par un prédateur ou même par le conjoint... issue banale chez les mantes et les scorpions. Dans notre propre espèce, les conséquences d'une simple approche sont sans doute moins extrêmes, mais peuvent engager pour une vie entière !

DANS LA NATURE

Quel que soit leur milieu, les animaux vivent en présence de quantité d'individus d'espèces différentes : leurs prédateurs, auxquels ils doivent prêter une attention constante, leurs proies s'ils sont carnivores, les espèces avec lesquelles ils entrent en concurrence et nombre d'autres qu'ils ignorent, tout simplement. Dans cet ensemble hétéroclite, il ne devrait pas leur être très difficile de repérer les membres de leur propre espèce et, parmi eux, des partenaires potentiels.

Pourtant, beaucoup d'entre eux sont quotidiennement confrontés à des individus qui leur ressemblent, dont les formes, les chants ou les odeurs sont voisins des leurs. Le criquet mélodieux côtoie le criquet duettiste et la corneille partage son espace avec le corbeau freux. Tous cherchent à trouver un conjoint, voire plusieurs, aussi vite que possible. Il est pour eux essentiel de pouvoir se distinguer les uns des autres, car la reproduction entre espèces différentes est par définition impossible. Le loup et le lynx ne peuvent pas se croiser, pas plus que la mésange bleue et la mésange charbonnière (dans ce dernier cas, cela peut se produire, mais leurs petits sont stériles). Du point de vue de chaque espèce, il est important que les individus ne perdent pas leur temps et leur énergie dans des tentatives vouées à l'échec.

Les cris d'appel, les couleurs et les odeurs sont autant de signaux permettant aux animaux de se reconnaître comme apparentés, de manifester leur présence auprès des leurs tout en écartant les autres espèces. L'attraction se double d'une identification. Il faut être d'autant plus rapide dans ce domaine que les prédateurs sont à l'affût : ils ont appris à reconnaître les appels émis par leurs proies préférées, qu'il s'agisse d'odeurs, de chants ou de signaux visuels.

Qui choisir ?

Lorsque le problème de l'identification spécifique est réglé, reste à exercer un choix parmi les partenaires disponibles. Chez certaines espèces, notamment les oiseaux, les adultes désireux de se reproduire se rendent sur un lek (voir encadré ci-après), un lieu d'exposition où les femelles font leur choix en fonction des qualités déployées par les mâles qui paradent devant elles. Mais la plupart du temps, les mâles sont dispersés et les femelles doivent les évaluer successivement. Leur choix est alors orienté en fonction de la qualité globale qu'elles ont observée aux alentours. C'est le cas aussi pour les grillons femelles : d'abord confrontées à des appels peu intéressants (par exemple provenant de mâles d'espèces voisines), elles se montrent ensuite moins sélectives et acceptent même de s'accoupler avec des individus d'autres espèces.

Lorsque la séduction a pour objectif immédiat la reproduction, le choix de la femelle peut être orienté par plusieurs éléments. Si, au-delà de l'accouplement, le mâle ne participe pas du tout à l'alimentation ou à la protection des petits, la femelle ne s'intéresse qu'à ses qualités génétiques apparentes, de manière à donner ensuite naissance à des petits vigoureux et en bonne santé. Elle est alors sensible à la puissance de son partenaire, à sa couleur ou à ses ornements. Chez la mouche domestique, par exemple, les femelles

LE LEK, QUÈSAKO ?

On parle de lek lorsque les mâles se réunissent en un lieu précis pour parader devant des femelles qui choisissent « librement » le(s) partenaire(s) avec le(s)quel(s) elles s'accouplent. C'est une sorte de vitrine de l'espèce, assez courante chez les oiseaux, mais qui existe aussi chez des mammifères, comme certaines antilopes.

choisissent les mâles les plus massifs qui, eux, préfèrent des compagnes à corps allongé. En effet, ils sont eux aussi exigeants et ne s'intéressent qu'aux femelles apparemment les plus fécondes. Même si ce n'est pas le cas chez la mouche, ce sont généralement ces mâles sélectifs qui, par la suite, prennent part aux tâches ménagères. La femelle peut alors se montrer intéressée par des qualités plus spécifiques, par exemple la taille du territoire occupé par le mâle, s'il en a un, ou ses capacités à trouver de la nourriture.

Eviter la consanguinité... et la conquête trop lointaine

Si les qualités apparentes des partenaires potentiels guident le choix des mâles et des femelles, il leur faut aussi éviter de s'unir à de proches parents. Les effets de la consanguinité sont rapidement négatifs dans la plupart des espèces : réduction du poids des petits à la naissance, ce qui diminue leur taux de survie, baisse de la résistance aux maladies et de la fécondité pour ceux qui ont atteint l'âge adulte, diminution de l'attractivité sexuelle, ou encore susceptibilité accrue aux prédateurs. Tout cela a été observé chez les animaux, même si les consanguins ne subissent pas tous ces effets simultanément. Chaque individu a donc intérêt à trouver un partenaire génétiquement différent. C'est aussi une garantie pour ses descendants de posséder des gènes plus divers, mieux à même de répondre à leurs besoins dans un environnement variable.

Pour les femelles, l'un des moyens les plus sûrs d'éviter la consanguinité consiste à choisir un mâle qui présente des caractéristiques inhabituelles : c'est l'avantage du « plus rare », l'attrait bien connu du bel étranger qui fait tourner toutes les têtes... Les descendants ont alors plus de chance d'être génétiquement différents de tous leurs cousins, et donc d'être des proies plus difficiles à atteindre pour les bactéries ou les parasites qui se sont adaptés aux gènes habituels de la population. Certaines espèces se montrent très pointues en la matière, c'est le cas par exemple des drosophiles, ces célèbres petites mouches qui ont tant contribué aux progrès de la génétique : elles sont capables de faire un choix « amoureux » en fonction de la couleur des yeux des candidats ! De même chez les guppys, de petits poissons d'eau douce originaires d'Amérique du Sud grandement appréciés des aquariophiles. Les mâles portent des couleurs très variables, génétiquement déterminées et donc transmises à leurs descendants. Les femelles se tournent plus volontiers vers ceux dont les teintes sont inhabituelles. Ceux-ci se reproduisent donc plus que les autres et comptent davantage de descendants. Bien qu'ils ne soient en rien de meilleurs pères, le choix des femelles contribue ainsi à maintenir la diversité des nuances dans cette espèce.

Un oiseau, le mérion splendide d'Australie, semble ne pas se conformer à la règle puisque l'on observe dans cette espèce un quart de couples consanguins, cinq fois plus que chez les autres oiseaux. Mais la consanguinité est en réalité plus faible car plus de la moitié des petits sont engendrés à l'extérieur des couples !

Même en l'absence d'un conjoint vraiment nouveau et intéressant, d'autres signaux permettent aux animaux d'éviter la consanguinité, par exemple, l'odeur. Chez la blatte commune, les femelles repoussent leurs frères et choisissent de préférence les mâles non apparentés. Ce en quoi elles ont bien raison car le succès de leur reproduction en dépend directement. L'odeur de chaque mâle dépend de son système immunitaire, ce qui permet aux femelles de sélectionner les compagnons les plus différents (voir p. 75). Le campagnol roussâtre, un petit rongeur européen, évite lui aussi

L'AVERSION POUR L'INCESTE CHEZ LES ANIMAUX

Le système social d'une espèce peut suffire à réduire la consanguinité. Ainsi, chez de nombreux singes, les femelles pubères quittent le groupe familial et rejoignent un autre groupe. La dispersion des descendants existe aussi bien chez les oiseaux ou les poissons que chez les insectes. Même si ce n'est pas le cas, les individus se reconnaissent et s'évitent : chez les primates on observe un moindre choix des cousins du premier ou du second degré. L'évitement de l'inceste n'est pas une invention strictement humaine.

de se reproduire avec ses proches parents. Lorsqu'il a le choix, il s'intéresse plus aux campagnols étrangers, même s'il a été élevé avec eux (en laboratoire, bien sûr, puisque dans la nature ils n'auraient certainement pas grandi ensemble). De manière générale chez les mammifères, la seule odeur « de parenté » suffit à annihiler toute attractivité sexuelle.

Pourtant, il ne faut pas non plus que le conjoint soit trop différent, originaire d'une autre région par exemple, car il pourrait au passage transmettre à la femelle de nouvelles maladies ou des parasites jusque-là inconnus. Ses descendants risqueraient aussi d'être moins bien adaptés aux conditions de l'environnement local... Il faut donc suivre la règle « qui se ressemble s'assemble » tout en refusant les plus proches. Chez les drosophiles, on a constaté que, dans certains cas, les femelles préfèrent s'accoupler à leurs frères ou à leur père plutôt qu'à un inconnu. Et parfois, c'est la consanguinité qui devient la norme : chez *Pelvicachromis taeniatus*, un petit poisson des lacs africains, les deux parents coopèrent pour les soins aux jeunes. Leur parenté augmente leur niveau de coopération, ce qui compense les effets négatifs de la consanguinité.

En fait, la tolérance à l'accouplement entre proches dépend de nombreux facteurs et notamment celui de la difficulté à trouver un conjoint non familier. De même, face à un mâle dominant particulièrement attractif, une femelle peut passer outre ses préventions. Et la sélection naturelle se chargera d'éliminer les descendants portant les stigmates de la consanguinité.

Le poids du groupe

Même si les couples ne se forment pas au hasard, même si chacun exerce un choix parmi les partenaires potentiels, il ne faut pas s'imaginer que ce choix est totalement libre, pas plus chez les humains, d'ailleurs, que chez les autres animaux.

Ainsi, les femelles sont-elles influencées par les choix précédents effectués par leurs rivales. Elles auront tendance à préférer les mâles qui se sont déjà accouplés et à rejeter ceux qui ont été repoussés. Ce panurgisme repose sur des bases solides puisque copier les autres permet de gagner du temps (celui de la séduction) tout en réduisant les risques d'erreur. Choisir un conjoint est souvent une affaire complexe qui demande du temps et de l'énergie. C'est une période dangereuse, où l'on peut manquer de vigilance vis-à-vis des prédateurs, sans parler des risques de contamination par des parasites ou des maladies du fait de la promiscuité des comportements de cour.

En fait, ce choix contraint est parfois le résultat du mode de vie des animaux : les biches restent groupées lorsqu'elles observent les combats des cerfs et c'est ensemble qu'elles choisiront toutes le même mâle, c'est-à-dire le cerf sorti vainqueur des joutes. On a pu observer ce phénomène chez quantité d'animaux, que ce soit des poissons (guppys, demoiselles), des oiseaux (tétras-lyre, cailles du Japon), des mammifères (souris, rats) ou des insectes (drosophiles). D'autres, en revanche, comme les daims ou les gobies, semblent plus indifférents à l'opinion d'autrui.

Par ailleurs, il arrive que le choix spontané d'une femelle soit contradictoire avec celui qu'elle observe chez ses rivales. Le résultat dépend alors de la puissance des signaux émis par les mâles et de leur importance relative pour les femelles, ce qui aboutit au final à une forme de liberté de choix. On a même pu voir des femelles revenir sur une première opinion négative après avoir observé le succès obtenu par le mâle auprès d'autres congénères. Le succès appelle le succès !

Monogamie *vs* polygamie

Le choix du conjoint est essentiel, surtout pour les femelles qui ne produisent qu'un petit nombre de descendants, en comparaison de la postérité potentielle d'un mâle. Pour les espèces strictement monogames, comme la mouette tridactyle, ce choix est encore plus important. Si l'on s'est trompé, il est essentiel de pouvoir choisir un nouveau partenaire. Généralement, le taux de divorce est très faible, mais chez la mésange à tête noire, la femelle abandonne parfois son conjoint pour un mâle de plus haut rang social qui lui garantit des ressources plus abondantes.

L'erreur est moins dramatique pour les espèces polygames mais elles doivent à chaque rencontre prendre la décision de s'accoupler ou de refuser les approches du partenaire. Pour le mâle comme pour la femelle, ce n'est pas une mince affaire. Pour ne perdre aucune occasion, il faut savoir se montrer disponible tout en se tenant prêt à se dégager rapidement de la rencontre si le prétendant ne convient pas.

Comme on l'a vu plus haut, le succès reproducteur des mâles, c'est-à-dire la quantité de leurs descendants viables, est lié au nombre de femelles avec lesquelles ils se sont accouplés. Ils ont donc tendance à tenter d'en séduire le plus possible. Mais de leur côté, les femelles s'engagent souvent, elles aussi, dans plusieurs relations, ce qui présente de multiples avantages : le choix est moins crucial, elles peuvent obtenir des cadeaux ou de l'aide de plusieurs mâles, elles donnent naissance à des petits génétiquement différents, ce qui augmentera les chances de survie d'au moins une partie d'entre eux si leurs conditions de vie changent. En acceptant les avances d'un mâle, la femelle peut aussi éviter les problèmes qu'elle rencontrerait à refuser l'accouplement, tout en se gardant la possibilité d'en choisir un meilleur ensuite. Chez les oiseaux, le dernier mâle avec lequel s'est accouplée la femelle est généralement responsable de la majorité des paternités.

Certaines espèces sont pourtant socialement monogames. De nombreux oiseaux vivent en couples stables que seule la mort d'un des deux partenaires peut briser. Il est bien plus simple de garder son conjoint, surtout s'il est efficace dans des domaines importants comme le nourrissage et la protection des petits. Mais cette monogamie apparente se double le plus souvent d'une polygamie effective. Contrairement à ce que l'on pensait autrefois, avant que les techniques de lecture de l'ADN ne se généralisent, la paternité extra-conjugale est extrêmement commune chez les oiseaux. Chez le bruant des roseaux, un passereau des zones humides européennes, un petit sur deux est d'un autre père que le conjoint officiel. La proportion de paternités extra-conjugales est d'autant plus élevée que les femelles sont plus âgées et le père officiel plus jeune. Chez la marmotte, c'est le cas d'un tiers des petits.

La monogamie véritable ne semble concerner qu'une faible fraction des espèces (de l'ordre de 10 % des passereaux, par exemple), à tel point que c'est maintenant cette situation qui interroge les chercheurs : pourquoi la mouette tridactyle se montre-t-elle bien plus fidèle que les autres ? Pourtant, malgré la banalité des infidélités chez les oiseaux, on n'en connaît pas vraiment les causes. On pourrait imaginer que la femelle cherche de meilleurs géniteurs pour engendrer ses petits, quitte à les faire élever par son conjoint de longue date. Mais cette hypothèse est difficile à vérifier, d'autant plus si le père officiel s'occupe moins des petits provenant d'autres prétendants. Ainsi, le bruant mâle s'investit beaucoup plus dans le nourrissage de sa propre progéniture, ce qui laisse supposer qu'il a été témoin des infidélités de sa compagne et qu'il est capable de distinguer ses petits du reste de la couvée.

Chez de nombreux singes, les femelles montrent des préférences marquées pour certains mâles, qui ne sont pas toujours les dominants. L'un des avantages qu'elles peuvent trouver à multiplier les partenaires est justement que les mâles ne sont alors pas sûrs d'être ou de ne pas être les pères des petits. De toute façon, ils ne s'en occupent pas, mais chez certains primates, les mâles ont tendance à éliminer les petits des autres pères lorsqu'ils parviennent au sommet de la hiérarchie du groupe, de manière à les remplacer par leurs propres descendants. Les choix multiples des femelles seraient donc un moyen de limiter ces infanticides, les pères réels des petits étant à peu près inconnus.

De la nature des couples

Autre croyance balayée par les observations des éthologistes, l'homosexualité n'est pas contre-nature. Elle est même très répandue dans le monde animal. En 2016, les biologistes avaient déjà observé des comportements homosexuels dans 1500 espèces, souvent en captivité mais aussi dans leur milieu naturel. Les causes apparentes sont variables, comme une proportion inégale de mâles et de femelles, la résolution de conflits dans le groupe, une meilleure protection des jeunes ou peut-être simplement le goût individuel des animaux.

Ainsi, un quart des couples de cygnes noirs d'Australie sont constitués de deux mâles. Le ménage se forme comme les autres, à la suite d'une parade ritualisée au cours de laquelle les deux cygnes se font face, étendent largement les ailes et tendent la tête vers le ciel. Puis, ensemble, ils construisent un nid et l'un des deux séduit une femelle qui sera renvoyée après la ponte. Certains d'entre eux se contentent de chasser un couple hétérosexuel de leur nid et de prendre possession de leurs œufs. Comme dans cette espèce les mâles sont plus grands que les femelles, les petits qu'ils élèvent sont mieux protégés et survivent mieux que les autres.

On a également observé des couples de femelles chez de nombreux oiseaux, tels que les pétrels, les goélands ou les oies. Sur l'une des îles de l'archipel d'Hawaï, Oahu, les albatros de Laysan comptent

QUAND L'HOMOSEXUALITÉ EST LA NORME

Chez les bonobos, si les comportements homosexuels sont courants, ils ne relèvent pas nécessairement de la séduction au sens de la formation d'un couple, même provisoire.
Le sexe joue plutôt pour eux un rôle de ciment social, comme chez les dauphins et les macaques du Japon. Paradoxalement, les individus qui seraient strictement hétérosexuels auraient des difficultés à nouer des alliances et seraient de fait écartés de toute possibilité de reproduction.

deux femelles pour un mâle. Ces dames ont résolu le problème à leur façon. Un tiers des couples comprennent deux femelles. Si l'une des deux a été fécondée par un mâle, elles élèvent les petits ensemble.

Autre cas de figure : l'amour bisexuel à trois. Chez les huîtriers pies, des oiseaux du littoral européen, quelques couples sont en fait des « trouples », constitués de deux femelles et un mâle qui partagent le même nid. Les femelles s'accouplent avec le mâle et entre elles. Ces oiseaux produisent plus de petits que les autres, car ils sont mieux nourris et mieux défendus contre les prédateurs.

Il existe aussi des espèces qui ne forment pas de couples, non parce que les mâles s'éloigneraient après l'accouplement, mais parce qu'il n'y a pas de mâles du tout ! Certains pucerons et lézards se reproduisent ainsi par parthénogénèse. Les femelles ne sont pas fécondées et donnent naissance à des petits qui leurs sont identiques. Il n'est donc pas question ici de séduction. Cependant, d'autres espèces parthénogénétiques ne sont pas totalement détachées des joies de la reproduction sexuée, comme le molly amazone, un petit poisson d'eau douce originaire du Mexique. Celui-ci doit son nom aux amazones de l'Antiquité car l'espèce ne compte que des femelles qui, elles-mêmes, ne donnent naissance qu'à des filles ! Pourtant, il leur faut s'accoupler avec des mâles car les œufs ne se développent pas s'ils n'ont pas été en contact avec des spermatozoïdes. Les mollys s'adressent donc aux mâles d'espèces voisines qui servent de donneurs de sperme sans pour autant fournir le moindre gène pour le développement des petits. Les mâles ainsi sollicités préfèrent les femelles de leur espèce mais acceptent de s'engager avec le molly amazone dans la complexe danse nuptiale qui précède l'accouplement. Trois espèces sont parasitées par ces amazones d'eau douce dont le mode de reproduction très particulier est nommée gynogenèse.

CHEZ LES HUMAINS

On dit qu'aimer, c'est regarder dans la même direction. Les psychologues attachés à l'histoire de notre évolution pointent pourtant volontiers un grand malentendu. Pour eux, grossièrement et depuis des temps immémoriaux, les femmes envisageraient la séduction dans une certaine perspective, et les hommes dans une autre. Opposée... En deux mots, les unes chercheraient volontiers un nid, un partenaire stable qui saurait veiller sur leur progéniture commune, tandis que les autres préfèreraient semer à tout vent. La femme choisirait soigneusement au cas où l'affaire prendrait une tournure sérieuse, l'homme ferait moins le difficile. Elle se projetterait dans une vie au long cours avec un compagnon, il penserait à court terme, inspiré par la première venue qu'il trouve à son goût. C'est ce qu'illustre l'effet Coolidge, du nom d'un président des Etats-Unis qui, dit-on, visita un élevage de poulets avec sa femme. La vigueur du coq capable de copuler à répétition laissa rêveuse Mme Coolidge : « Transmettez à Mr. Coolidge. » Celui-ci plaisanta plutôt sur le coq certes hyperactif mais nullement monogame. « Transmettez à Mrs. Coolidge. »

Trop facile ? Sexiste ? Il n'en reste pas moins que le champ des possibles diffère d'un sexe à l'autre. Certaines études, menées dans une cinquantaine de pays différents et publiées dans les années 2000, semblent sans appel : en moyenne, dans leur jeunesse, les hommes espèrent conquérir un peu moins d'une vingtaine de partenaires durant leur vie et les femmes quatre fois moins. Selon d'autres recherches répliquées sur quatre décennies aux Etats-Unis comme en Europe (effectuées, il est vrai, auprès d'étudiants seulement), environ 50 % des hommes ou des femmes acceptent de faire plus ample connaissance avec une personne inconnue, mais visiblement pas insensible, qui vient de les aborder. Si ce partenaire potentiel leur propose illico un rapport sexuel, alors quasiment toutes les femmes disent non, mais les trois quarts des hommes disent oui. Même quand ils jugent que leur partenaire potentielle n'est pas très jolie. Autre différence : les femmes ne prennent même pas la peine de justifier leur refus qui, lors de telles sollicitations directes, leur semble aller de soi. Par contre, les hommes qui déclinent l'invitation se sentent souvent obligés d'invoquer une excuse. Il ne saurait être question que leur virilité soit mise en doute : ah, s'ils pouvaient, ils ne se gêneraient pas, mais là ça tombe vraiment mal… Enfin, si les femmes expriment facilement des regrets après une relation d'un soir, l'inverse n'est pas vrai.

Toutefois, soyons justes : si les hommes sont souvent plus vite excités et entreprenants en général, statistiquement ils le sont tout de même moins s'ils sont déjà pris. D'autre part, ils peuvent s'avérer tout aussi romantiques que les femmes, voire plus : lorsqu'un couple se forme, généralement c'est l'homme qui tomberait le plus vite amoureux. Et lorsqu'on leur demande qui est l'être qu'ils aiment le plus au monde, les hommes citeraient souvent leur compagne. Les femmes mentionneraient, elles aussi, leur conjoint mais à égalité avec leur meilleure amie. Alors ? Alors rien, car ces données datent du tout début des années 1970 et depuis, l'eau a coulé sous les ponts. Nul doute que le grand malentendu ou cliché (la femme pense au cœur et l'homme à l'entrejambe) mérite, pour le moins, des nuances, mais quoi qu'on en pense, c'est cette tendance qui se voit confirmée par la science.

Qui se ressemble s'assemble ?

Passée la première approche, avec qui préfère-t-on pratiquer le jeu de la séduction ? A court terme, les femmes se veulent, certes, beaucoup plus sélectives. Qu'en est-il dans une perspective à long terme ? A première vue, nous cherchons toutes et tous notre semblable et le trouvons dans des situations non pas extraordinaires mais au cours de rencontres s'ébauchant le plus souvent dans nos milieux sociaux de prédilection. C'est ce qu'on appelle l'homogamie. On fait connaissance dans une soirée entre étudiants, sur le lieu de travail, dans le voisinage... Il est rare d'assister à la formation d'un grand amour entre un résident de Neuilly et une lycéenne de Trappes, tout comme entre un loup et un lynx. Les disparités sociales rendent plus rares les occasions de faire vraiment connaissance et les préjugés constituent un obstacle qu'on se soucie rarement d'aplanir. Nous cherchons quelqu'un qui soit aisément accessible et, de préférence, géographiquement proche.

Seulement voilà, l'humain ne se laisse pas facilement enfermer dans des cases. A peine croyons-nous tenir une loi générale que déjà surgissent des exceptions. Car ce qui compte parfois, notamment à l'adolescence, ce n'est pas tant que notre partenaire nous ressemble, mais qu'il soit dissemblable de nos géniteurs. Rien de tel, pour s'affirmer, que de dénicher quelqu'un qui tranche avec notre famille d'origine par son « mauvais genre », c'est-à-dire sa culture au sens large, depuis son vocabulaire jusqu'à son look et/ou ses opinions politiques, ses croyances (tiens ! L'appel de l'étranger, comme chez les drosophiles !). Parents, si vous désapprouvez la liaison de votre enfant, le plus sûr moyen de la saboter est parfois de l'encourager. Roméo et Juliette, ou Rodrigue et

Chimène, se seraient peut-être regardés avec moins de langueur si leurs familles s'étaient fréquemment croisées dans des barbecues au lieu de se détester (bien qu'ils fussent du même milieu social). Alors, homogamie ou pas ? La contradiction n'est sans doute qu'apparente : c'est justement parce qu'il y a homogamie que des couples socialement disparates font figure d'exception.

Séduire un homme ou une femme ?

Bon nombre des études sur la séduction chez l'humain sont conçues comme si seuls les couples hétérosexuels étaient concernés et que l'homosexualité était l'apanage de certains cygnes noirs et autres pétrels. Qui plus est, l'homme est souvent censé prendre l'initiative de la parade amoureuse sous les yeux d'une femme, au pire complètement passive ou subjuguée, au mieux pesant le pour et le contre avant d'accepter ou non les avances. Il faut bien admettre, par exemple, que les travaux portant sur la séduction chez les couples homosexuels sont beaucoup plus rares. Une recherche d'envergure, en 2007, a néanmoins comparé les goûts de 2 500 lesbiennes avec ceux de 82 000 hétérosexuelles en matière de séduction. A en croire les résultats, toutes rechercheraient les mêmes qualités classiques chez leur partenaire : santé, gentillesse, humour. Seules différences notables : les lesbiennes seraient globalement plus sensibles que les hétérosexuelles à l'honnêteté et à l'intelligence de leur partenaire, et moins soucieuses de ses valeurs religieuses et de sa fibre parentale. Une étude américaine moins ambitieuse publiée en 1999 a analysé les préférences des lesbiennes selon qu'elles se définissent comme « masculines » (butch, qu'on peut aussi traduire par « hommasse ») ou « femme » (en français dans le texte de l'étude). Une dichotomie qu'on peut évidemment discuter... Les « femmes » seraient plus désireuses d'avoir un enfant et plutôt attentives à la situation financière de leur compagne potentielle. Les « masculines » seraient plus dominatrices et relativement indifférentes aux ressources matérielles de leur conjointe. En revanche, elles se montreraient plus jalouses et se méfieraient particulièrement de rivales bénéficiant d'une meilleure situation. Caricatural ? Peut-être, mais l'étude montre que les « masculines » auraient sensiblement le même profil psychologique que les hommes en matière de séduction, puis au sein du couple formé.

Et chez les gays, alors ? D'après les quelques études consacrées au sujet (mais parfois anciennes, avant que la diversité des orientations sexuelles soit mieux acceptée dans notre culture), leurs préférences seraient comparables à celles des hétérosexuels : ils se montreraient séduits avant tout, et de loin, par la jeunesse et la beauté. Dès les années 1980, l'analyse de 800 petites annonces montrait qu'un hétérosexuel sur cinq et un gay sur trois accordaient une importance primordiale au physique du partenaire rêvé (contre une femme sur cinq, qu'elle soit lesbienne ou hétérosexuelle). Dans cette étude, les trois quarts des gays (soit un tout petit peu plus que les hétérosexuels) insistaient sur leurs propres qualités physiques. A tout prendre, ce sont les lesbiennes qui s'attardaient le moins sur leur propre apparence lors de leur présentation et demandaient le moins une photo des lectrices intéressées par leur annonce. Des recherches plus récentes ont confirmé cet intérêt absolument primordial accordé au physique sexy chez les gays, pour 60 % d'entre eux cette fois. Autant que chez les hétérosexuels, soit deux fois plus que chez les femmes en général.

Après ce rapide passage en revue, il n'est pas inutile de rappeler que le concept d'orientation sexuelle est très vague. Il convient de distinguer orientation primaire (par qui nous nous sentons généralement attirés), identité de genre (selon que nous nous sentons homme ou femme) et comportement sexuel. Autant de dimensions qui peuvent varier au cours de l'existence et dont les recherches sur la séduction humaine ne s'embarrassent qu'exceptionnellement… Quant au ménage à trois dont sont friands les huîtriers pies, on ne l'étudie pas chez les humains. Le phénomène n'existe sans doute pas dans notre espèce. Ça se saurait !

2.

Attendre son heure comme un saumon

Etre en amour, en chaleur, en chasse, en folie... Dans le domaine des amours animales, il existe un temps bien précis au cours duquel plus rien n'a d'importance que trouver un partenaire, et un bon ! Cela peut se produire une fois seulement au cours de la vie de l'individu, ou se répéter chaque année à la même époque, qui n'est pas nécessairement le printemps.

DANS LA NATURE

Dans la plupart des espèces, en dehors du temps des amours les mâles ne prêtent aucune attention aux femelles et réciproquement. La période de reproduction est généralement fixée de telle sorte que les petits se trouvent dans de bonnes conditions à leur naissance ou au moment du sevrage. Leurs chances de survie sont d'autant plus grandes qu'ils trouvent un environnement favorable avec un climat à peu près clément et de la nourriture en abondance aux premiers jours de leur existence. Pour les espèces à développement rapide, comme les petits oiseaux, l'ensemble du cycle de reproduction se déroule au printemps. Mais chez des grands mammifères, la mise bas a lieu plusieurs mois après l'accouplement et peut donc arriver en automne ou en hiver.

Le bon moment

La température de l'air et d'autres facteurs du milieu étant très variables, les éléments susceptibles de lancer la période de reproduction sont souvent plus stables, tels que les variations de la durée du jour ou les phases de la lune. Ainsi, le rut des ruminants, des renards ou des souris est déclenché par le raccourcissement des jours tandis que d'autres mammifères, tels le hamster, le vison ou le cheval sont au contraire stimulés par leur allongement.

Il faut parfois choisir le bon moment de la journée, par exemple lorsque cela permet d'éviter de s'accoupler avec une espèce voisine. C'est le cas d'un groupe apparenté de grillons hawaïens qui se distinguent les uns des autres par leur « fenêtre circadienne », le moment précis des parades nuptiales. De même chez la noctuelle méditerranéenne, un papillon de nuit dont la chenille est un ravageur de cultures, mâles et femelles relâchent leurs phéromones (voir p. 68) à un moment précis de la journée, une synchronisation certainement régulée par la lumière.

Certaines espèces sont capables d'adapter leur période de reproduction aux conditions du milieu. Ces reproducteurs opportunistes comprennent des animaux des déserts, qui profitent par exemple d'une période de pluie. Le bec-croisé des sapins module sa période de reproduction en fonction de la nourriture. Lorsque celle-ci est abondante, elle stimule le comportement reproducteur de ce passereau des forêts européennes. Chez la souris, la présence d'un mâle peut suffire à déclencher les chaleurs de la femelle.

Beaucoup d'animaux ne se reproduisent qu'une fois au cours de leur vie : c'est le cas de nombreux insectes mais aussi de poissons comme le saumon, dont la plupart meurent après le frai, ou des seiches qui ne survivent pas à leur première ponte. D'autres peuvent se reproduire plusieurs fois par an, en particulier si la nourriture est abondante ou si une portée est éliminée. Mais rares sont ceux qui se reproduisent tout au long de l'année. On a observé ce phénomène chez des animaux peu soumis aux variations de la luminosité, comme les espèces des abysses ou celles qui vivent dans les régions équatoriales. Enfin, chez quelques espèces, mâles et femelles sont continuellement disponibles pour l'accouplement. C'est le cas des bonobos, chez qui l'acte sexuel n'est pas uniquement à visées reproductives.

Vieux, c'est mieux... mais pas toujours !

Les femelles préfèrent souvent les mâles plus âgés, soit parce qu'ils sont plus grands donc susceptibles de mieux les protéger, soit parce que leur âge est une garantie de bonne qualité, puisqu'ils ont survécu longtemps ! Mais de façon plus surprenante (au moins pour des humains), les mâles choisissent aussi les femelles âgées. Beaucoup d'oiseaux acquièrent de l'expérience au cours de leur vie et leur succès reproducteur augmente avec l'âge. Les individus des deux sexes ont tendance à choisir des partenaires plus mûrs, donc plus expérimentés.

Chez les carouges à épaulettes, des passereaux nord-américains, les mâles les plus âgés contrôlent des territoires plus grands qui offrent plus de nourriture à leurs nichées. Pour évaluer leur âge, les femelles n'ont pas besoin de mettre au point des tests complexes. Elles les reconnaissent à leur parade nuptiale plus longue et à leur répertoire de chants plus riche. Bien entendu, leur choix se porte sur ces vieux mâles fortunés ! On peut observer le même type de comportement chez des mammifères à société hiérarchisée, comme les loups. Les individus dominants, qu'ils soient mâles ou femelles, préfèrent des partenaires de même statut social, donc généralement plus âgés que les autres.

Les albatros, quant à eux, forment des couples qui se retrouvent chaque année sur leur lieu de reproduction (voir aussi p. 132). Ils donnent naissance en moyenne à un petit tous les deux ans et la coopération entre les deux parents est importante pour sa survie. Vu l'espérance de vie de ces oiseaux, qui peut atteindre quarante ans, le choix initial est lourd de conséquences pour le mâle comme pour la femelle. Et ce d'autant plus que le temps de formation du couple est lui-même long, donc coûteux. En effet, l'établissement d'un lien solide et définitif demande en moyenne deux ans aux femelles et trois aux mâles, ce qui équivaut à perdre un poussin. Lorsque les couples se constituent, les albatros se tournent de préférence vers les partenaires de leur âge. Un mâle inexpérimenté choisit une fois sur deux une compagne elle aussi inexpérimentée et presque toujours du même âge, à un an près. De même, la femelle préfère les mâles de son âge et l'expérience ne vient qu'en second dans ses critères de choix. Quant aux veufs et veuves, ils se choisissent préférentiellement entre eux.

Chez les mésanges bleues, la moitié des petits proviennent d'un autre père que celui qui s'occupe de la nichée. Le père biologique est généralement plus âgé que le père officiel. Comme dans les exemples précédents, et pour les mêmes raisons, les mâles âgés ont plus de succès auprès des femelles que les jeunes inexpérimentés. Ils ont plus de chances de se mettre en couple et sont également favorisés pour les rencontres extra-conjugales. C'est à l'aube que les femelles partent en quête d'amants occasionnels. La luminosité est insuffisante pour qu'elles puissent estimer la qualité des mâles à leur plumage mais elles ont un autre moyen pour reconnaître les aînés : ce sont eux qui commencent à chanter le plus tôt dans la journée.

D'une espèce à l'autre, les préférences sont très variables. Chez les araignées par exemple, il est courant que le mâle refusé par la femelle finisse dévoré avant même d'avoir pu s'accoupler (voir p. 162). Mais chez l'araignée européenne *Micaria sociabilis*, c'est le mâle qui pratique le cannibalisme sexuel, un comportement très rare. Et qui plus est, il ne tue que les femelles âgées et ne cherche à s'accoupler qu'avec les plus jeunes. Ce goût pour les jeunes femelles est aussi caractéristique des mâles varroas, des acariens parasites des abeilles.

L'EFFET COUGAR CHEZ LES CHIMPANZÉS

Le cas des chimpanzés, l'espèce la plus proche de la nôtre, nous semble encore plus surprenant : les matrones de 45 ou 50 ans ont nettement plus de succès auprès des mâles que les jeunettes de 15 ou 20 ans ! Ce choix peut s'expliquer par diverses raisons : parce qu'elles sont plus fécondes, parce que leurs nouveaux-nés sont moins susceptibles de mourir, ou simplement parce qu'elles ont un statut social plus élevé, ont accès à plus de nourriture et subviennent donc mieux aux besoins de leurs petits.

CHEZ LES HUMAINS

On a cherché à savoir si les goûts des femmes changeaient au cours de leur cycle hormonal. Certaines études ont semblé montrer qu'en période d'ovulation les femmes préféraient les hommes grands, à visage très masculin, génétiquement plus compatibles ou encore socialement plus dominants. Mais si les hormones sont susceptibles de jouer de façon similaire à ce que l'on observe chez les animaux, bien d'autres facteurs (sociaux, culturels ou psychologiques) interviennent chez les humains. Leur intrication rend d'éventuels changements de comportements bien plus difficiles à interpréter que chez l'albatros ou le papillon, d'autant plus que les effectifs testés sont généralement très faibles. Et même si ces variations étaient avérées, leurs conséquences seraient pratiquement impossibles à déceler : on peut mesurer les conséquences des choix de l'épeire des jardins sur le taux de survie de ses descendants, mais cette mesure n'aurait aucune signification chez l'être humain.

Quant aux goûts des hommes et des femmes, même s'ils sont variables selon les époques et les cultures, il n'est pas réellement besoin de travaux de recherche très élaborés pour affirmer qu'en matière de séduction la jeunesse est un atout indéniable, bien que les tempes argentées ne soient pas toujours un handicap, au moins chez les hommes. Dans notre espèce, la formation de liens stables et la courte durée de la période fertile de la femme expliquerait la préférence générale des hommes pour des femmes jeunes.

Le temps des amours, c'est tout le temps ? Oui, mais...

Observons une minute de silence par compassion pour les saumons qui ne se reproduisent qu'une fois dans toute leur existence. De leur côté, les tentatives de séduction humaines, tout comme chez les bonobos, ne se limitent pas aux périodes d'ovulation. En effet, elles peuvent très bien survenir quand les femmes ne sont pas fertiles, ou quand elles ne le sont plus, c'est-à-dire après la ménopause. D'autant que, comme nous l'avons vu au chapitre précédent, il en faut plus pour décourager la majorité des messieurs... Mais statistiquement, les hommes, à leur insu, semblent s'intéresser davantage aux inconnues lorsque celles-ci sont en période d'ovulation. Par exemple, ils donneraient plus de pourboires aux serveuses lorsqu'elles sont fécondables et ne prennent pas la pilule. 30 $ de plus par heure ! Voilà qui est croustillant, mais qui peut s'expliquer de deux façons, d'ailleurs non exclusives : soit les hommes sont de véritables têtes chercheuses de femmes fertiles, soit celles-ci, sans le vouloir, infléchissent suffisamment leur attitude pour adresser à la gente masculine quelques messages non verbaux mais sans équivoque. Comme si, de manière subliminale, elles annonçaient : « Je suis fertile ! Tentez votre chance ! » Et ça ne tombe pas dans l'œil d'un myope...

Lorsqu'elles sont fécondes, les jeunes femmes, de leur côté, présenteraient une prédilection prononcée pour les visages les plus masculins, quelle que soit la durée de la relation espérée. Nous ne sommes donc pas déterminés par une « fenêtre de tir » comme les grillons hawaïens, mais il n'est pas exclu que nous y soyons sensibles. Parmi d'autres facteurs...

Certains chercheurs méticuleux ont même cru remarquer que plus des jeunes filles ont vu d'hommes durant leur enfance, plus leur puberté serait précoce. Et que par la suite, plus elles en voient, plus leur cycle se réduit et augmente ainsi le nombre de périodes de fécondité possible. Plus fort encore : la durée du cycle menstruel serait relativement élastique. Les femmes vivant ensemble au long cours, par exemple dans un pensionnat ou en simple colocation, verraient leur cycle se raccourcir et se synchroniser. C'est l'effet McClintock, du nom de la psychologue qui a attiré l'attention sur ce phénomène. Mais ces données, pas toujours confirmées, sont très controversées depuis bientôt un demi-siècle. Même en admettant que ces observations soient non seulement valables mais transposables à la population féminine générale, il resterait à expliquer pourquoi une femme se trouverait biologiquement programmée pour caler ses périodes de fécondité sur celles de ses rivales potentielles, quitte à se retrouver noyée dans la masse, au lieu de se décaler pour apparaître comme la plus disponible, et donc la plus intéressante aux yeux des hommes...

La nuit et le moment

Toujours dans le registre du temps des amours, citons enfin une anecdote qui pourrait relever de *La Nuit et le moment*, pour reprendre le titre d'un roman libertin du XVIIIe siècle, signé Crébillon fils. Si vous cherchez l'âme sœur dans les bars, soyez prêts à passer des nuits blanches. Car plus l'heure passe, plus les célibataires, hommes ou femmes, ont tendance à trouver séduisants des partenaires potentiels, quel que soit leur sexe. Première supposition : à cause d'un petit coup dans le nez ? En 2013, une fameuse recherche française valut à son auteur grenoblois l'attribution d'un prix IG nobel (récompensant les travaux qui « font rire, puis réfléchir ») : elle montrait que l'alcool fait qu'on se sent plus séduisant, et ce même quand on croit en avoir consommé alors qu'on a absorbé un placebo ! Deuxième hypothèse, privilégiée : parce que le choix se restreignant, les insomniaques à portée de main sont jugés plus précieux ? Oui, sauf qu'au fil de la nuit on trouve également plus attrayants des partenaires potentiels sur la simple foi de photos présentées par des expérimentateurs, lorsqu'il ne peut rien se passer. Là encore, difficile de tirer quelque conclusion que ce soit. Sinon que, la nuit avançant, la solitude nous travaille et que l'on a plus de chances de trouver l'âme sœur entre noctambules qu'en jouant les couche-tôt solitaires, évidemment. Reste à savoir repérer les partenaires disponibles, tout le monde n'ayant pas la chance d'être une noctuelle méditerranéenne. Le verbal comme le non-verbal nous sont alors d'un grand secours, comme nous le verrons dans les chapitres 9 et 10

3.

Chanter comme une baleine

La linotte mélodieuse, la grive musicienne, le rossignol philomèle doivent leur nom à l'extraordinaire richesse de leur répertoire. Mais si leurs mélodies nous charment, sont-elles pour autant des chants d'amour à destination de leurs congénères?

DANS LA NATURE

De la fin de l'hiver jusqu'à l'été, la nature tout entière retentit de gazouillis, de coassements, de stridulations, de grincements et parfois même de chants mélodieux. C'est le temps des amours, lorsqu'il faut au plus vite trouver un conjoint pour se reproduire. Comme la période favorable est courte et que les concurrents sont nombreux, les animaux rivalisent de virtuosité et de puissance. Dans ce prodigieux concert se mêlent les appels des oiseaux et des grenouilles, des grillons et des cigales. Certains d'entre eux ont pour seul objectif de témoigner de leur présence et d'éloigner les intrus. Mais la plupart d'entre eux sont à la recherche de l'âme sœur et tentent par leurs chants de séduire un futur partenaire.

La méthode du criquet pour ne pas se tromper

Première précaution à prendre, s'assurer qu'on a bien affaire à un éventuel partenaire et non à une autre espèce. Le criquet mélodieux est un hôte fréquent des prairies européennes. Même sans le voir, on l'entend de juillet à septembre, période de ses amours. Malgré son nom, son chant est assez sommaire : une sorte de froissement métallique, qui s'amplifie deux à trois secondes avant de s'arrêter brusquement. Il reprend deux secondes après et se répète plusieurs fois.

C'est ainsi que le mâle commence à attirer une femelle, en frottant le fémur d'une de ses pattes sauteuses contre le bord rigide de l'aile. Elle répond de la même façon, ce qui entraîne un nouvel appel du mâle qui, entretemps, en a profité pour s'approcher. Les deux partenaires s'avancent peu à peu l'un vers l'autre jusqu'à pouvoir s'accoupler.

Aussi rudimentaire soit-elle, la stridulation du criquet n'est pourtant pas seulement un simple signal déclenchant automatiquement une réponse réflexe. La criquette garde une liberté d'action : elle peut choisir de répondre ou de rester silencieuse. Elle exprime ses sentiments par l'intensité de son propre chant qui est alors un indicateur de succès reproducteur pour le mâle. Pour elle, il est important que le chant qu'elle entend diffère nettement de ceux des autres espèces qui s'expriment à proximité.

Cette préférence est un moyen de réduire le risque d'hybridation puisqu'elle a tendance à ne répondre qu'aux mâles de sa propre espèce. Ainsi, elle ne s'intéresse pas aux avances du criquet duettiste, un voisin qui occupe les mêmes milieux. Les deux espèces sont difficiles à distinguer l'une de l'autre car elles se ressemblent autant par la forme du corps que par les couleurs, qui sont de toute façon très variables, du vert au brun en passant par le gris, le rose ou le violet. Mais heureusement le chant du criquet duettiste est différent. Il émet des sons beaucoup plus courts, toutes les une à deux secondes. Même un humain ne peut les confondre.

Dans le concert amoureux des campagnes et des forêts, il est essentiel que les espèces restent bien distinctes. L'hybridation entre espèces voisines est parfois possible, mais aboutit souvent à des descendants eux-mêmes peu fertiles, ce qui est désastreux pour la pérennité de l'espèce. Heureusement, même lorsque l'accouplement est physiquement et biologiquement envisageable, le chant d'appel, aussi simple soit-il, crée une barrière sélective presque infranchissable. Chaque espèce se distingue en effet par la hauteur des sons qu'elle émet, par leur rythme ou par la qualité de l'attaque. Grâce à l'existence de ces niches sonores, le rossignol ne réagit pas au chant du crapaud, pas plus que le criquet duettiste ne s'intéresse aux stridulations du criquet mélodieux.

NUANCES SUBTILES POUR OREILLES FINES

Pour un humain non averti, l'appel du crapaud accoucheur ressemble beaucoup à celui d'un oiseau, par exemple à celui du hibou petit-duc. Alors qu'elles sont zoologiquement très éloignées, les deux espèces émettent de jolies notes flûtées, répétées toutes les deux ou trois secondes, que la plupart des humains confondent. Bien entendu, les animaux, eux, ne s'y trompent pas.

Le chant d'amour, de l'alouette à l'éléphant

De toute façon, les animaux qui séduisent par leur chant ne sont pas si nombreux. Si l'on excepte les oiseaux, on ne peut guère entendre chanter que les gibbons, les baleines et les chauves-souris. Les autres espèces, par exemple les insectes, se contentent d'émettre de simples appels assez courts. Parmi les oiseaux, l'alouette est sans doute l'oiseau chanteur au répertoire sonore le plus riche puisqu'elle peut émettre plus de 300 syllabes différentes. En période de reproduction, les couples occupent un territoire d'environ un hectare que les conjoints défendent par des chants qui durent jusqu'à 40 minutes.

Mais il ne faut pas se limiter à ce que nous, humains, pouvons entendre. De nombreux papillons de nuit mâles produisent des chants d'amour ultrasoniques. Chez la petite teigne, un papillon de nuit parasite des ruches, le mâle émet des ultrasons que la femelle confond avec les clicks suraigüs des chauves-souris en chasse. Dès qu'elle les entend, elle se laisse aussitôt tomber au sol et reste immobile, un réflexe pour se mettre à l'abri du prédateur qui la croit morte. Sans vergogne, le mâle en profite pour s'approcher en vue de l'accouplement. Difficile de parler de séduction dans ce cas !

A l'autre extrémité du spectre sonore, les éléphants produisent des infrasons, trop graves pour que nos oreilles puissent les percevoir. Le chant des femelles comporte neuf types de sons qui donnent aux mâles des informations sur leur identité, leur état reproductif et leur disposition émotionnelle. Leurs congénères peuvent entendre ces grognements modulés par la trompe à plusieurs kilomètres de distance. De même, les baleines émettent des infrasons, notamment les baleines à bosse, les mégaptères. Les appels des mâles peuvent durer deux heures, ce qui perturbe leur respiration. Ceux qui chantent migrent d'ailleurs moins vite que les autres. On a constaté que les chants d'une même région se ressemblent et évoluent peu à peu. Au cours du temps, des nouveautés apparaissent et se propagent ensuite dans la population, les mâles répétant les nouvelles variations jusqu'à ce qu'elles se généralisent. Bien que ces sons soient émis en période de reproduction, il n'est pas encore certain qu'il s'agisse vraiment de sérénades, même s'ils sont suivis d'accouplements.

Le karaoké des chiens volants

Le rôle du chant n'est en effet pas toujours évident à identifier. Le brame du cerf est ainsi un signal multifonctions : par son mugissement rauque, le mâle marque son territoire, affirme sa présence face à ses rivaux et attire les biches. Mais il existe des espèces non territoriales pour lesquelles le chant est exclusivement destiné à séduire un conjoint.

C'est le cas d'une grande chauve-souris africaine de près de 1 m d'envergure, le chien volant à tête en marteau. Le larynx du mâle représente plus de la moitié du corps de l'animal. Son museau démesuré, orné de lèvres ourlées et de narines en spirale, lui donne une apparence grotesque, d'où son nom scientifique d'hypsignathe monstrueux. On ne connaît pas l'avis des femelles sur le physique particulier des mâles, mais de toute façon, c'est par leur chant qu'elles sont séduites.

Les mâles forment un lek (voir pp. 27 et 133) de plus d'une centaine d'individus. Cette réunion permet aux femelles de choisir leur conjoint sans avoir à voyager sur des kilomètres pour comparer la qualité des différents prétendants. Ceux-ci s'installent le long d'une rivière, accrochés la tête en bas aux branches des arbres. Là, ils émettent des sons puissants et métalliques évoquant de brefs coups de klaxon et agitent les ailes au rythme de leurs chants. Les femelles volent au-dessus de l'eau et apprécient les qualités des mâles aux sons qu'ils produisent. Lorsque l'un d'entre eux convient à une femelle, elle s'approche de lui et il accélère le rythme de ses cris jusqu'à produire un staccato rapide. La femelle finit par choisir un mâle et se suspend à côté de lui. Après l'accouplement, qui dure une vingtaine de secondes, elle chante elle aussi puis quitte définitivement le père de ses futurs petits. Les goûts de ces dames sont très stéréotypés : 6 % des mâles se partagent près de 80 % des accouplements.

Chez cette chauve-souris, le chant est donc essentiel pour permettre au mâle de séduire une femelle. Mais chanter la bonne chanson ne suffit pas, il faut aussi l'interpréter convenablement ! Les appels de séduction sont de véritables mines d'informations permettant d'évaluer la qualité globale des partenaires potentiels. Chaque individu émet ses propres sons qui donnent des indications sur son sexe, sa taille, son état émotionnel et même parfois son statut social.

La sérénade des rainettes

C'est ainsi que la rainette verte, une petite grenouille aux mœurs nocturnes, peut sélectionner son futur conjoint. Elle se tient souvent dans les arbres, à proximité des points d'eau. Malgré sa taille réduite, le mâle émet un son puissant, une sorte de grincement ou d'aboiement métallique de courte durée. Pour chaque appel, il envoie l'air de ses poumons vers un sac vocal situé sous sa gorge, faisant vibrer ses cordes vocales au passage. Le sac aux propriétés élastiques se gonfle puis renvoie l'air dans les poumons. Cet organe n'est pas une caisse de résonance, mais il permet à la rainette d'augmenter la fréquence de ses appels, jusqu'à plusieurs milliers par heure.

Entourée de centaines de mâles qui produisent un concert assourdissant, la femelle doit choisir celui avec lequel elle s'accouplera. Ce qui l'attire irrésistiblement, ce sont les rythmes rapides, puissants et graves. Ce choix, inconscient bien sûr, la pousse vers les prétendants les plus grands et les plus résistants. Leurs appels demandent en effet d'énormes efforts, à tel point que ces messieurs doivent parfois s'arrêter de chanter pour se nourrir. Plus leur rythme est rapide, plus le chant est coûteux à produire. Il provient donc de mâles plus vigoureux que les autres, assurant à la femelle qu'elle engendrera des têtards tout aussi énergiques. De même, un chant est d'autant plus grave que le mâle est plus grand, donc sans doute plus robuste.

Lorsque deux chants sont équivalents, la femelle choisit le chanteur le plus visible. En effet, même si le son est très important, elle s'intéresse également à l'apparence de son futur partenaire. Celui-ci doit présenter un sac vocal aux couleurs vives et une ligne latérale noire bien marquée sur son flanc vert. Malgré toutes ses précautions, la femelle ne parvient pas toujours à ses fins. En effet, pour les petits mâles ternes, tout n'est pas perdu. S'ils se tiennent silencieux, ils passent inaperçus et peuvent se glisser près d'une femelle attirée par un mâle efficace. Ils en profitent alors pour s'accoupler avec elle. Exemple typique de cas où la fourberie prend le pas sur la séduction…

Chez beaucoup d'animaux, ce sont les mâles qui chantent et les femelles qui écoutent, mais dans certaines espèces, les femelles sont tout aussi bruyantes. C'est le cas chez l'accenteur alpin, un passereau des hautes montagnes européennes. Lorsqu'un mâle s'est accouplé plusieurs fois avec la même femelle, il participe au nourrissage des petits. Les femelles ont donc intérêt à séduire plusieurs partenaires et, comme leur territoire est immense, elle doivent les appeler. Elles entrent alors en compétition les unes avec les autres et rivalisent de virtuosité pour attirer les mâles. Dans cette espèce, on trouve aussi bien des chanteuses que des chanteurs.

Dis-moi comment tu chantes, je te dirai qui tu es

Les productions vocales des oiseaux chanteurs sont bien plus mélodieuses que celles des rainettes ou des grenouilles, mais leur fonction est similaire. Si le chant est bien sûr un appel, c'est surtout un signal porteur d'informations sur les qualités des mâles.

Chez la rousserole turdoïde, un petit oiseau des plans d'eaux européens, la femelle sélectionne ses partenaires de chant. Elle visite plusieurs territoires gardés par des mâles qu'elle écoute chanter, puis elle revient vers celui qui émet les phrases les plus longues et les plus élaborées. Une mélopée complexe indique que le mâle contrôle un vaste territoire sur lequel il trouvera de la nourriture en abondance pour les petits. Le choix de la femelle sur ce critère s'avère en effet judicieux. Il est prouvé que la qualité du chant du mâle va de pair avec la probabilité de survie à long terme des petits.

LE CHANT, GAGE DE QUALITÉ

Le chant de l'oiseau est un témoin honnête (voir p. 110) de ses qualités générales. En effet, l'oisillon apprend à chanter à un moment bien précis de son développement, une période cruciale au cours de laquelle le moindre stress aura des conséquences importantes. S'il vit dans de bonnes conditions et que son cerveau se développe normalement, il deviendra un bon chanteur. Si le cerveau a été touché, il ne pourra pas apprendre correctement le répertoire de son espèce. Bref, s'il chante mal, c'est qu'il a eu une enfance malheureuse !

Ces derniers se portent même d'autant mieux que le chant de leur père est complexe ! En revanche, la femelle ne s'inquiète pas de la présence de concurrentes sur le même territoire. La polygamie ne lui fait pas peur, d'autant plus que, de son côté, elle n'hésite pas à s'accoupler avec d'autres mâles pour des « paternités extra-conjugales ». Elle choisit ses autres partenaires selon les mêmes critères que pour son conjoint officiel. Celui-ci s'occupe de l'ensemble des petits, quel que soit le père.

Pour la femelle, un piètre chanteur n'augure rien de bon, quelle que soit la cause des malheurs qu'il a subis – manque de nourriture, compétition sévère avec ses frères et sœurs ou maladie infantile. Aucune oiselle ne voudrait d'un tel compagnon. A l'inverse, les champions qui produisent des chants longs et complexes témoignent généralement d'une meilleure condition physique que les autres et vivent plus longtemps. Et surtout, seul point qui importe pour la femelle, ils engendrent des petits plus nombreux et eux aussi en bon état, comparés aux poussins des mauvais chanteurs.

Chez le diamant mandarin d'Australie, la complexité du chant reflète les capacités intellectuelles du mâle. Plus sa mélodie contient d'éléments différents et plus elle dure, plus l'oiseau se montre capable de résoudre les problèmes qu'il est susceptible de rencontrer dans sa quête de nourriture. Autrement dit, son chant montre son habileté à se nourrir, qualité qu'il transmettra à ses descendants.

Cette sélection par le chant n'est pas propre aux oiseaux ou aux grenouilles. On peut aussi l'observer chez les mammifères. Ainsi, les hennissements des étalons sont de bons indicateurs de leur capacité reproductive. Plus ils sont graves, plus les mâles ont de succès auprès des juments et sont donc susceptibles d'avoir des descendants. Un hennissement grave est le signe que l'étalon est plus grand, plus calme et plus fertile, donc certainement un meilleur père. Chez les baleines, les variations progressives des chants pourraient être la preuve de la bonne mémoire du mâle et de ses qualités psychiques.

Dernier témoin de la qualité du chanteur, sa simple survie. L'animal qui appelle un conjoint signale sa présence à tout le monde, donc aussi à ses prédateurs. Les grenouilles tungara mâles qui vivent en Amérique du Sud émettent un son qui attire spécifiquement des chauves-souris prédatrices, les phyllostomes à lèvres frangées. Pour la femelle tungara, un mâle qui a survécu à ses ennemis alors qu'il les a lui-même appelés présente certainement d'excellentes aptitudes à la survie qui profiteront à ses descendants.

CHEZ LES HUMAINS

Chez les humains aussi le chant peut être un atout séduction, mais à manier avec précaution. La sérénade a cappella, par exemple, n'est pas sans risque : vous pouvez faire bonne impression pourvu que la chanson soit judicieusement choisie, que votre voix soit bien placée et le moment opportun, voire particulièrement romantique. Ce qui fait tout de même beaucoup de conditions ! Si vous pouvez vous accompagner d'un instrument, sans fausse note (ou avec fausse note ET humour), faites-le car donner l'image d'un musicien constitue un avantage certain (voir p. 127). Cependant, le nec plus ultra n'est pas de faire étalage de vos talents de chanteur, mais de parvenir à chanter en chœur avec votre partenaire.

Le chant collectif est en effet propice à la production d'ocytocine, neurohormone de la confiance. Entonner une petite chanson à deux en s'amusant vaut toutes les roucoulades de crooner à œil de velours et toutes les mélopées de sirène.

La voix d'un chanteur sensuel en toile de fond peut constituer un élément de décor appréciable pour une cour en bonne et due forme. Hors de la piste de danse, dans un cadre privé, quelques préférences se dégagent en la matière : d'après l'enquête menée sur Spotify par un musicologue londonien auprès de 2 000 auditeurs de tous âges, Marvin Gaye, avec *Sexual healing* et *Let's get it on*, serait LA voix propice à l'échauffement du corps et de l'esprit. Et durant les ébats amoureux, soit dit en passant, c'est le Boléro de Ravel qui rafle les suffrages avec ses 17 minutes de crescendo hypnotique ! Mais les femmes aiment tout autant la bande originale de *Dirty dancing*. A bon entendeur…

Les inconditionnels du brâme du cerf

Bizarrement, les chants d'amour des animaux présentent également un caractère attractif pour les humains, qui sont ainsi nombreux à apprécier les chants d'oiseaux, allant jusqu'à organiser des concours internationaux de chants de canaris dans lesquels ils peuvent comparer les qualités sonores des oiseaux, au moins du point de vue humain. D'autres préfèrent vibrer au son du brâme du cerf, dans les forêts d'automne. Il existe même des championnats d'imitation du brâme dans lesquels des hommes en jugent d'autres sur leur aptitude à reproduire les appels des cervidés. On peut cependant s'interroger sur la capacité des meilleurs brâmeurs à séduire ainsi les femmes…

Chanson mise à part, la voix seule joue un rôle essentiel dans toute tentative de séduction. Ecoutez celle de Barry White, puis celle de Michael Jackson. Bien que très différentes, elles ont toutes deux séduit des millions de fans. Laquelle semble la plus virile ? L'exemple est extrême, mais si l'on en croit les recherches sur le sujet, pour les femmes surtout, une voix grave laisse volontiers augurer un homme beau, fort, mûr… et velu (sic) ! Même si elle se contente d'égrener des messages sans signification, telle une litanie de voyelles. Evidemment, de l'intuition à la réalité, il y a parfois un gouffre : de même qu'un hypsignathe peut séduire par son chant avec une vilaine trogne, un homme doté d'un timbre grave partira avec un a priori favorable, même s'il s'avère en réalité fort disgracieux ou pas viril pour deux sous. En effet, statistiquement, les hommes dotés d'une voix grave semblent attirer davantage de partenaires, et ce dès qu'ils ont mué, donc dès la puberté. D'ailleurs, comme par hasard, la voix se module à l'adolescence sous l'influence des mêmes hormones qui influencent le ratio tour d'épaules/tour de hanches chez les hommes ou tour de taille/tour de hanches chez les femmes (voir p. 100). La testostérone affecterait notamment la taille des cordes vocales. Ainsi, Monsieur, n'hésitez pas à placer votre voix dans les graves pour augmenter votre pouvoir de séduction. La voix grave emporte souvent la préférence chez les femmes désireuses d'établir une relation à long terme, a fortiori durant leur période d'ovulation. Mais attention, abaisser artificiellement le timbre d'une voix (par ordinateur, par exemple) ne produira pas du tout le même effet. De même si vous travestissez trop votre voix, c'est le ridicule assuré.

Quant à la voix féminine, plus elle est grave, plus les hommes l'attribuent à quelqu'un de trop âgé et trop en chair à leur goût. A tort car la seule caractéristique notable des femmes dotées d'une voix particulièrement suave est qu'elles sont souvent plus petites que la moyenne.

Autre détail qui a son importance : le volume. Il est conseillé à Monsieur de parler fort, sans hurler mais avec assurance. Et avec un débit rapide si possible, ce qui, d'après certaines recherches, le fera passer pour extraverti, sûr de lui, dominateur, sympathique et logique (rien que ça !), mais pas spécialement tendre... Et pour qu'une voix masculine soit jugée séduisante dès la première impression, il y faut aussi de la chaleur. Quant à Madame, elle peut se passer du volume, mais pas de l'amabilité apparente. Un simple « bonjour ! » doit être prononcé d'une voix grave et chaude par Monsieur et d'une voix fluette par Madame, ce qui renforce désespérément les stéréotypes masculin-féminin. Où est la juste mesure ? Chacun se fera son avis, mais l'essentiel est peut-être ailleurs.

Avantage aux cordes... sensibles

Pour séduire chez les humains, ne faut-il pas d'abord et avant tout faire vibrer... la corde sensible ? Ce qui nous amène au dernier point : n'hésitez pas, quel que soit votre sexe, à exprimer vocalement vos émotions. Une voix plate, monotone, journalistique, confère peut-être une impression d'assurance mais ne présente pas de potentiel de séduction, désolé. Pire encore, elle est mal jugée par tout le monde. Alors que si vous y mettez de la vie, de la nuance, de la fluidité, et même un soupçon d'imprévisibilité, ça change tout ! Les fluctuations émotionnelles sont perçues, y compris dans une langue qu'on ne comprend pas, l'expérience a été faite sur cinq continents. Alors laissez les sérénades ennuyeuses au criquet mélodieux, le mal nommé. Chez nous, les humains, le chant exerce un pouvoir de séduction particulier, car la voix se fait l'écho de l'émotion.

Comme d'habitude, la préférence instinctive ne fait pas tout chez les humains, bien loin de là. Si Barry White et Michael Jackson pouvaient revivre, chaque admiratrice serait libre d'établir sa préférence en vertu d'autres qualités que la voix : le physique, le répertoire, le prestige, les fantasmes… Et surtout, à quoi bon être nanti d'une belle voix si c'est pour raconter n'importe quoi et se discréditer ? C'est là que l'alouette et l'accenteur alpin, avec la richesse et la sophistication de leur répertoire, pourraient devenir les saints patrons de la tchatche (voir p. 147).

4.

Se parfumer comme un papillon

Comment la truie peut-elle être charmée par le porc mâle ? Pouvons-nous apprendre, comme la souris, à être séduits ? Un simple parfum peut-il nous faire tourner la tête ? Sommes-nous, comme certains papillons, pilotés par nos phéromones ?

DANS LA NATURE

Le 6 mai 1891, quarante papillons géants envahissent la maison de Jean-Henri Fabre. Ce sont des grands paons de nuit, les plus gros papillons d'Europe. Ils ont été attirés depuis plusieurs kilomètres à la ronde par une femelle fraîchement émergée de sa chrysalide et enfermée dans une cage grillagée. Cet événement conduit le célèbre entomologiste aveyronnais à émettre l'hypothèse de « molécules odorifères », d'« effluves de subtilité extrême, absolument insensibles pour nous, et néanmoins capables d'impressionner un odorat mieux doué que le nôtre ». Il suppose ainsi que l'odeur de la femelle a été perçue par les antennes des mâles, particulièrement grandes et ramifiées.

Il fallut attendre près de 70 ans pour que ses intuitions soient vérifiées, mais à propos d'un autre papillon, le bombyx du mûrier ou ver à soie. En 1959 était élucidée la structure chimique du bombykol, une substance émise par la femelle du bombyx et dont quelques molécules seulement sont susceptibles de stimuler les poils sensoriels des antennes des mâles. Le terme phéromones apparut la même année sous la plume du biochimiste allemand Peter Karlson et de l'entomologiste suisse Martin Lüscher. Le mot désigne des substances produites par le corps et qui induisent des réaction précises. Mais à la différence des hormones circulant dans le sang, elles sont émises dans le milieu naturel à l'intention de congénères.

Le terme est vite adopté par les biologistes et les progrès de la chimie permettent d'identifier un grand nombre de ces substances chez les insectes, les crustacés, les reptiles et les mammifères. Très vite se pose la question de leur existence dans notre propre espèce, sujet qui intéresse un large public, bien au-delà des laboratoires entomologiques, vu l'importance de ces molécules dans l'attraction sexuelle. Aujourd'hui, alors que les biologistes en sont toujours à discuter l'existence même des phéromones humaines et leur rôle éventuel, des sites internet vendent divers produits destinés à stimuler les hommes ou les femmes, notamment des parfums contenant (en principe) des phéromones et promettant une attractivité supérieure et des performances sexuelles inégalées. Mais ces « phéromones » humaines tiennent-elles leurs promesses ? Et comment agissent-elles chez nos cousins animaux ?

Odeurs ou phéromones ?

Beaucoup d'espèces émettent dans l'eau ou dans l'air des molécules qui sont perçues par ceux qui les entourent. Dans le domaine de la reproduction, ces substances constituent sans doute les signaux les plus puissants du monde animal. Certains groupes zoologiques possèdent des structures spécialisées dans leur production, comme les glandes anales des carnivores, les glandes préorbitaires des cervidés qui s'ouvrent dans le larmier, au coin de l'œil, ou les glandes interdigitales des antilopes, qui débouchent au niveau des sabots. Chez le blaireau, on a identifié plus de cent composés différents produits par ces glandes. L'animal se frotte contre les arbres, les rochers ou directement sur la terre et y dépose son odeur afin de marquer son territoire et signaler sa présence. Ses fèces en sont imprégnées et son urine contient souvent aussi des substances odorantes. La plupart de ces composés sont très communs (on les trouve aussi bien chez les papillons que chez les rongeurs) mais chaque individu dispose de sa propre combinaison, qui fournit donc une signature unique. De même, les 951 composés produits par les pandas géants permettent à ces animaux plutôt solitaires de distinguer les uns des autres les individus se trouvant à proximité. Grâce à ce bouquet, les animaux peuvent identifier leurs congénères, leur sexe, leur âge, leur état physiologique ou émotionnel et même leur degré de parenté. Et les mâles sont tout de suite avertis si une femelle est près d'entrer en chaleur.

Cependant, ces productions sont si complexes qu'il est souvent difficile de savoir s'il s'agit de simples signaux olfactifs ou de véritables phéromones. Les deux catégories sont souvent confondues, mais une phéromone n'est pas nécessairement odorante, du moins aux concentrations habituelles. Quant aux odeurs, elles déclenchent éventuellement des comportements, mais de façon moins précise et moins systématique.

De plus, certaines composantes de l'odeur de l'animal proviennent des bactéries présentes sur sa peau ou des endroits où il s'est roulé… Les senteurs des animaux sont si diverses et si variables qu'elles ne sont pas idéales pour déclencher des comportements reproducteurs bien déterminés.

A l'inverse, les phéromones mettent en jeu des mécanismes innés. Comme une hormone, une phéromone transporte une information précise et suscite une réponse automatique, immédiate ou de longue durée. Dans le domaine de la reproduction, cette réaction peut être physiologique (par exemple le déclenchement de l'ovulation) ou comportementale (par exemple poussant la femelle à accepter l'approche du mâle). Et si les odeurs peuvent être perçues par d'autres espèces, les phéromones sont des signaux spécifiques, généralement très discrets.

Chez le bombyx, ce sont des glandes situées à l'extrémité de l'abdomen de la femelle qui libèrent le bombykol. Le bombyx mâle est susceptible d'être stimulé par une concentration d'un millionième

UN BON RAPPORT QUALITÉ PRIX

La première analyse du bombykol avait demandé le sacrifice de 500 000 femelles qui en fournirent au total 6,4 mg. Cette phéromone est donc produite en quantité infime, et c'est cela qui la rend si intéressante pour l'animal. Comme elle fonctionne à très basse concentration, elle est peu coûteuse à produire (en comparaison des couleurs du plumage ou du pelage). Les phéromones sont aussi beaucoup plus discrètes que les cris (qui risquent toujours d'attirer un prédateur).

de millionième de milligramme de bombykol par litre d'air ! Et il ne sera aucunement sensible aux phéromones des autres espèces de papillons. Lorsque ses antennes sont atteintes par le bombykol, le comportement d'approche est déclenché. Le mâle remonte la piste jusqu'à ce que la femelle soit à portée de vue et l'accouplement met fin à l'émission des phéromones par la femelle.

Chez la blatte germanique, le cafard commun des habitations européennes, il existe deux types de phéromones. La femelle attire les mâles à distance à l'aide d'une molécule volatile, la blatellaquinone, qui diffuse rapidement dans l'air. La femelle synthétise aussi des phéromones non volatiles qui s'accumulent dans la cire qui couvre sa cuticule. Lorsque le mâle passe ses antennes sur le dos de la femelle, il entre aussitôt en parade nuptiale. Il dresse les ailes et découvre son abdomen. De ses pièces buccales, la femelle touche les glandes abdominales du mâle qui produisent un aphrodisiaque. Cette phase de séduction dure rarement plus d'une minute et conduit à la copulation au cours de laquelle les deux partenaires se trouvent liés par l'extrémité de l'abdomen, parfois pendant trois heures.

Des phéromones contre les indésirables

Les phéromones des papillons ont depuis longtemps suscité des études très poussées, au moins chez les espèces dont les chenilles ravagent les champs de légumes ou de céréales. Une fois identifiées, ces phéromones peuvent être synthétisées et utilisées pour l'élimination des insectes. Il s'agit surtout de papillons (pyrales, tordeuses, mineuses, noctuelles, zeuzères et autres teignes) ou de mouches (de la carotte, de la pomme ou de l'olive). Les mâles sont irrésistiblement attirés et tombent alors dans un piège dressé à leur égard, de simples plaques de glue ou un pot rempli d'eau savonneuse.

Non toxique pour les autres animaux, ce mécanisme est très précis puisque chaque espèce émet sa propre phéromone, distincte de toutes les autres. Dans certains cas, il n'y a pas de piège, mais la quantité de phéromones larguées dans l'atmosphère est telle que les mâles sont désorientés et incapables de trouver les femelles, qui ne sont donc pas fécondées.

Pour des raisons tout aussi pratiques, les chercheurs se sont également penchés sur les phéromones des blattes, les cafards qui infestent nos cuisines. Pour ces insectes, on utilise généralement des phéromones d'agrégation, qui les poussent à se réunir, ce qui permet de les piéger. Ces substances attirent aussi bien les mâles et les femelles adultes que les jeunes, mais les cafards produisent aussi des phéromones sexuelles plus spécialisées. C'est d'ailleurs la blatte cendrée d'Afrique qui a eu l'honneur de recevoir pour sa production le nom de « séducine » ! A la différence du bombykol, cette phéromone est émise par le mâle. Les femelles la perçoivent à distance par leur antenne droite. Le mâle produit aussi un « aphrodisiaque » qui agit par contact direct et pousse la femelle à monter sur son dos pour la copulation.

Comment distinguer un papillon d'un éléphant ?

Chez les vertébrés, les odeurs et les phéromones se distinguent aussi par les organes impliqués dans leur analyse. Les odeurs sont perçues par la muqueuse olfactive des cavités nasales. De là, des cellules nerveuses transmettent les informations au bulbe olfactif qui est généralement situé à l'avant du cerveau. Il relaie les informations vers plusieurs centres, liés notamment à la mémoire ou aux émotions, et vers le cortex, ce qui permet la perception consciente des odeurs. Quant aux phéromones, elles stimulent une autre structure, l'organe voméro-nasal ou organe de Jacobson. Il s'agit d'une petite plaque sensible située dans le nez, à la base de la cloison nasale. Chez beaucoup de mammifères, cette zone est reliée au palais par un conduit où passent les molécules captées par la langue ou les lèvres. Des nerfs relient l'organe voméro-nasal à un autre secteur du bulbe olfactif.

Même si les phéromones sont des signaux précis alors que les odeurs ne sont que des indices plus vagues, leurs rôles réceptifs sont entremêlés, notamment dans la recherche d'un conjoint. Ainsi l'urine des chats contient diverses phéromones très odorantes (même pour nous !), dont la félinine. Lorsqu'elles sont en chaleur, les chattes sont puissamment attirées par cette molécule. De leur côté, elles émettent d'autres molécules qui intéressent beaucoup les matous. Stimulé, le chat reste figé, gueule entr'ouverte, ce qui permet à son organe voméro-nasal de bien percevoir ces composés qui l'informent de l'état physiologique de la chatte. Cette attitude caractéristique, le flehmen, s'observe aussi chez certains ruminants et chez les étalons, qui retroussent leur lèvre supérieure afin de mieux capter les phéromones.

Chez l'éléphant mâle, le flehmen fait intervenir la trompe. Lorsqu'il perçoit l'odeur de l'urine d'une femelle près d'entrer en chaleur, il touche la zone odorante avec l'extrémité de la trompe puis amène les molécules au niveau de son palais où se situe le conduit menant à l'organe voméro-nasal. Cette phéromone, l'acétate de dodécényle, est également synthétisée par plus de 140 espèces différentes de papillons de nuit. Chaque espèce produit en fait une combinaison de plusieurs molécules et c'est chaque association qui est spécifique. Pas de confusion possible entre papillons et éléphants !

Une fois par an, l'éléphant mâle entre en musth, un état marqué par la production d'un liquide odorant par des glandes temporales. Ce liquide qui coule le long de ses tempes contient de la frontaline, une molécule d'abord observée chez un coléoptère, *Dendroctonus frontalis*, d'où le nom de la phéromone. Chez l'éléphant, la frontaline existe sous deux formes distinctes dont la proportion indique clairement l'âge, le statut social et l'état reproducteur du mâle, éléments qui jouent nettement sur son attractivité vis-à-vis des femelles.

Ces convergences entre éléphants et insectes s'expliquent par le fait que les voies de synthèse des phéromones sont héritées d'ancêtres communs aux mammifères et aux arthropodes. De plus, le nombre de molécules disponibles est vaste mais pas illimité, si elles doivent être stables et non toxiques. Il n'est donc pas surprenant qu'il existe entre espèces éloignées des points communs, comme dans le cas d'autres phéromones partagées par les rongeurs et les insectes. Ces productions ont été très étudiées chez les souris et les rats, animaux favoris des scientifiques en laboratoire. Ces rongeurs émettent des substances volatiles détectables par l'odorat (même le nôtre), autrement dit des odeurs. Mais ils produisent aussi de plus grosses molécules qui restent sur leur pelage. Leurs partenaires les prélèvent en les léchant et en amenant ces phéromones au contact de l'organe voméro-nasal. Ainsi, la fort bien nommée aphrodisine du hamster doré, présente dans les sécrétions vaginales de la femelle, qui déclenche le comportement reproducteur du mâle.

Chez les rongeurs, les femelles sont attirées par des phéromones non volatiles contenues dans l'urine des mâles, mais le choix du conjoint est presque exclusivement déterminé par les odeurs. Les souris répondent différemment selon leur propre état (en chaleur

L'IMMUNITÉ CONTRE LA CONSANGUINITÉ

Parmi les centaines de produits qui déterminent l'odeur d'un animal, certaines molécules proviennent du système immunitaire, l'ensemble des éléments qui défendent l'organisme contre les infections ou les parasites. Les souris femelles préfèrent les mâles dont le système immunitaire est différent du leur. Cela leur permet de faire profiter leurs descendants d'un système immunitaire nouveau, une combinaison originale formée à partir de ceux des deux parents. La nouveauté est en effet une garantie de meilleure efficacité puisque les microbes n'y ont pas encore été confrontés et n'ont pas pu s'y adapter. Grâce aux odeurs, les souris perçoivent non seulement la diversité du système immunitaire, mais aussi les « meilleurs » éléments, souvent les plus rares, a priori plus efficaces pour combattre les microorganismes. Autre avantage de cette technique de sélection, la souris évite les partenaires qui lui ressemblent le plus, c'est-à-dire ceux qui lui sont apparentés. Améliorer l'immunité aboutit aussi à réduire le risque de consanguinité.

ou non) et agissent aussi en fonction du statut social du mâle : elles préfèrent bien entendu les mâles dominants !

Ainsi, contrairement à ce qui se passe chez les insectes où chaque phéromone déclenche une réaction précise, les femelles des mammifères ont une certaine latitude quant à leur réponse à la présence des molécules émises par les mâles. Elles peuvent apprendre à s'intéresser à d'autres odeurs, par exemple à celles qui sont produites par les bactéries et qui sont propres au groupe ou à la population locale d'animaux. On peut habituer des souris à apprécier l'odeur de la litière de souris mâles auxquelles elles ne sont pas spontanément sensibles. Des chercheurs ont aussi pu induire des brebis à se montrer réceptives à l'odeur de la lavande, en associant cette odeur à la présence des mâles lors de précédents accouplements. Le seul parfum de lavande les faisait ovuler !

L'orchidée, escroc sexuel...

Comment se reproduire quand on ne peut pas se mouvoir ? Une solution consiste à attirer d'autres espèces qui se déplaceront à votre place. C'est la méthode utilisée par nombre de fleurs. Si certaines plantes émettent elles aussi des parfums, leur technique de séduction est bien plus indirecte que chez les animaux. En effet, les fleurs émettent leurs effluves pour attirer les pollinisateurs. En échange du nectar qu'elles leur offrent, les insectes transportent le pollen d'une fleur à l'autre et leur permettent ainsi de se féconder à distance.

Beaucoup de fleurs nous semblent inodores, d'autres émettent des odeurs nauséabondes, de charogne ou d'excrément. Mais tout comme les couleurs, les odeurs des fleurs n'ont pas pour fonction de plaire aux humains ! L'unique but étant de séduire les pollinisateurs, certaines fleurs ont même évolué pour produire des parfums similaires aux phéromones des insectes. C'est le cas de la plupart des ophrys, de petites orchidées communes en Europe, sur le pourtour méditerranéen, et qui sont de véritables arnaqueurs sexuels. En effet, elles attirent des insectes mâles en imitant les phéromones des femelles, mais sans rien leur offrir en échange. Ainsi l'ophrys araignée (*Ophrys sphegodes*) propose à une abeille solitaire, l'*Andrena nigroaena*, les mêmes composés que la femelle de cette espèce et dans les mêmes proportions. Une fois devant la fleur, l'insecte est à nouveau abusé, mais cette fois par sa forme et ses couleurs.

Et lorsqu'il se pose sur les pétales, les poils qui les couvrent imitent à la perfection le velouté de l'abdomen de sa femelle. Subjugué, il tente de s'accoupler avec la fleur bien qu'elle ne réagisse pas comme le ferait la femelle. Dans l'agitation de sa pseudocopulation, il détache des petites boules remplies de pollen qu'il ira déposer sur d'autres fleurs de la même espèce, qui toutes dégagent la phéromone de sa femelle. S'épuisant de fleur en fleur, il ne gagne rien à ces aventures puisque les ophrys ne lui fournissent jamais de nectar. Après pollinisation, la fleur modifie la composition de son parfum, qui devient beaucoup moins attractif, et laisse alors le champ libre aux autres fleurs de son espèce.

… mais pas toujours

Toutes les associations entre insectes et orchidées ne sont pas à sens unique. Les euglossines sont des abeilles solitaires d'Amérique latine dont les belles couleurs métallisées, vertes, bleues ou violettes, ne semblent pas suffisantes pour séduire leurs conjoints. Le mâle est attiré par des orchidées odorantes, elles aussi dépourvues de nectar. Mais ce n'est pas de la nourriture qu'il recherche, ce sont les odeurs elles-mêmes. Il se pose sur la fleur, collecte des arômes et les accumule dans des poches tibiales situées sur ses pattes arrière. Il en imprègne ensuite les touffes de poils des pattes opposées, où elles sont idéalement placées pour être ventilées. Les vibrations des ailes du mâle dispersent les arômes qui attirent alors les femelles. Pour sa parade nuptiale, l'euglossine se parfume à l'orchidée !

Reste un mystère : pourquoi nous, les humains, apprécions-nous tant les arômes de fleurs ? A l'origine, ce sont des signaux destinés aux insectes, des animaux très éloignés de nous sur le plan zoologique…

CHEZ LES HUMAINS

« Tout à coup, un inconnu vous offre des fleurs », proclamait un slogan publicitaire pour un déodorant féminin. Sommes-nous à ce point sensibles aux fragrances de partenaires potentiels ? Certes non. Il n'y a cependant pas de loi en la matière : un discret parfum floral peut émoustiller chez une femme, des effluves plus corsés peuvent suggérer la vigueur chez un homme, mais un déluge d'after-shave ou une odeur qui cocotte sont souvent dissuasifs. Et puis, des molécules apparemment attractives peuvent devenir répulsives en quelques minutes du fait de leur transformation chimique par l'oxygène de l'air ou par les bactéries présentes sur la peau.

Comme tous les vertébrés, nous produisons quantité de substances différentes qui imprègnent notre peau, notamment sous les aisselles ou dans les zones génitales. La présence de glandes sous les aisselles est d'ailleurs un point commun avec les chimpanzés et les gorilles. Certains de ces composés sont odorants et d'autres le deviennent après exposition à l'air ou du fait de l'action des bactéries. Beaucoup de ces substances sont dérivées d'hormones sexuelles, comme la testostérone ou les œstrogènes. Pourtant, contrairement aux idées reçues, cela ne suffit pas pour les considérer comme des phéromones intervenant dans la séduction.

En effet, notre évolution a réduit notre organe voméro-nasal à l'état de vestige inactif. La perception de ces présumées phéromones met en jeu notre olfaction, comme n'importe quelle odeur. De plus, elles ne sont pas propres aux mâles, ne présentent rien d'irrésistible et ne se limitent pas aux odeurs d'aisselles.

Sinon, il suffirait de ne plus entrer en contact avec le moindre savon pour se constituer un impressionnant tableau de chasse, et le blaireau serait le symbole des séducteurs... Pourtant, si elles ne déclenchent aucune réaction automatique chez un éventuel partenaire, elles véhiculent tout de même de multiples informations, notamment sur les antigènes des leucocytes humains (des protéines intervenant dans notre régulation immunitaire), sur la qualité probable des gènes de l'intéressé, ou encore sur le niveau des hormones sexuelles.

D'une façon ou d'une autre, nous y sommes bel et bien sensibles : après exposition à des phéromones masculines, les femmes trouveraient plus facilement attractifs des visages d'hommes présentés sur une simple photographie. Lorsque les portraits eux-mêmes sont imprégnés de phéromones, tous les hommes, même les moins beaux, bénéficieraient d'un jugement favorable, surtout chez les femmes en phase d'ovulation. Certaines expériences ont tenté de démontrer les éventuels effets provoqués par des odeurs de vêtements ayant été portés par le sexe opposé. Lorsque des hommes sentent des T-shirts portés par des femmes en période d'ovulation, ils produisent ensuite plus de testostérone. Les femmes, elles, préfèreraient les T-shirts imprégnés de sueur d'hommes possédant un système immunitaire différent du leur. Et après avoir dormi dans un T-shirt porté par un inconnu, les femmes auraient en moyenne davantage de contacts avec des messieurs au quotidien. Une étude d'imagerie cérébrale de 2010 confirme cette réceptivité à divers types de phéromones : le cerveau des femmes réagit différemment aux odeurs d'aisselles masculines lorsque celles-ci ont été prélevées sur des hommes regardant un film porno ! Autre exemple : une expérience a montré que, dans une salle d'attente, 80 % des femmes

SOUS LES AISSELLES DES HOMMES…

L'androstadiénone, un autre dérivé de la testostérone identifié dans la sueur des aisselles, a également été très étudiée pour son supposé pouvoir de séduction. Cette molécule est vingt fois plus abondante chez les hommes que chez les femmes. Pour éviter les biais liés à l'environnement des laboratoires, des chercheurs ont testé ses effets « dans un contexte écologique valide », c'est-à-dire au cours de séances de speed dating au cours desquelles hommes et femmes tentent de se séduire en un temps très court. Un test sur trois a montré que l'androstadiénone semblait modifier l'avis des femmes sur l'attractivité des hommes. Mais selon d'autres expériences, elle a surtout pour effet de stimuler l'attention des sujets testés, les femmes se montrant simplement plus réceptives à la situation.

s'assoient spontanément sur LA chaise préalablement imprégnée de phéromones masculines…

Mais toutes les expériences ne donnent pas les mêmes résultats. Elles impliquent souvent un petit nombre de sujets, ce qui en limite la portée, d'autant plus que toutes sortes de facteurs peuvent intervenir, du statut social des participant(e)s à leur état émotionnel ou physiologique du moment.

Phéromones de synthèse : leurre ou miracle ?

Des phéromones fabriquées en laboratoire, contenant des doses astronomiques d'hormones sexuelles, peuvent-elles permettre d'alpaguer des partenaires innocents ? Voilà ce que certains célibataires anxieux se demandent en surfant sur des sites promettant la Lune… Les hommes utilisant un après-rasage mâtiné de phéromones de synthèse obtiennent plus facilement des rendez-vous galants imprévus (+ 35 % selon une recherche de 1998) et davantage de rapports sexuels, anticipés ou pas (+ 47 %), durant les deux mois suivants. Par ailleurs, ils se masturberaient plus fréquemment (+ 25 %). La puissance des déterminants biologiques peut donc faire frémir, mais il faut cependant relativiser : les hommes qui s'aspergent de placebo, c'est-à-dire qui se croient plus séduisants grâce à des phéromones en fait inexistantes, deviennent eux aussi plus séduisants. La confiance en soi joue donc un rôle dans la séduction ! Cela dit, les résultats sont tout de même moins spectaculaires qu'avec des phéromones authentiques qui comptabilisent + 9 % de rendez-vous imprévus, de relations sexuelles et de pratiques masturbatoires.

Les femmes aussi véhiculent des phéromones traduisant leur disponibilité et leur fécondité (la bombyx du mûrier ou la blatte cendrée n'ont pas le monopole du procédé !). Ce sont ces mêmes phéromones féminines qui aideraient en grande partie les hommes à détecter, à leur insu bien sûr, si une femme se trouve en période de fécondité ou non. Si elles s'imprègnent de phéromones de synthèse (féminines, cette fois), il semble qu'elles voient à leur tour la fréquence de leurs rapports sexuels augmenter (+ 47 % contre + 5 % seulement avec un placebo, d'après des expériences de 2002). Ce ne serait pas leur désir en tant que tel qui augmenterait, mais celui des hommes, sans doute parce qu'à tout le moins elles modifient leur comportement en conséquence. De telles tendances sont observées même après la ménopause, les messieurs ne cherchent donc pas inconsciemment à perpétuer leur descendance…

Attention, ces gadgets ne font pas de miracle. D'abord, les mécanismes qu'ils mettent en jeu sont extrêmement complexes. Les débats sont ouverts pour savoir si la pilule ne fausserait pas la perception des phéromones. Et comment interpréter les résultats d'une expérience ahurissante montrant que des clients (hommes ou femmes) s'acquitteraient en moyenne plus rapidement d'une facture imprégnée de phéromones masculines ?

Même si ces prétendues phéromones n'ont pas ou peu d'action sur nous, il reste que les parfums jouent un rôle très important dans la séduction entre hommes et femmes. Certains éléments animaux étaient traditionnellement utilisés par les parfumeurs, comme le castoreum des castors, la civette de petits carnivores d'Afrique et d'Asie ou le musc d'un cervidé asiatique, le chevrotin porte-musc. Ces produits odorants contiennent des phéromones actives chez les animaux, mais leur composition et leur rôle restent mal connus, même si quelques-unes ont sans doute une fonction de séduction.

Une chose est certaine, messieurs : vous aurez beau vous asperger de phéromones artificielles, si vous êtes vulgaire, négligé, méprisant, elles ne vous transformeront pas en don Juan. Alors, comme d'habitude, prudence avec des telles expériences aux enjeux commerciaux certains, aux variables multiples et difficiles à cerner, et dont l'interprétation ne s'effectue encore que de manière hasardeuse. Pour ne pas dire au pif... Mais il en faudrait davantage pour dissuader tous les providentiels marchands de phéromones de synthèse (ou d'opérette) qui, eux, ont senti la bonne affaire !

5.

Briller comme une luciole

Ne pas rester ignoré et savoir se mettre en lumière, voilà qui est essentiel en matière de séduction. Certains animaux ont investi ce domaine avec beaucoup d'intensité, puisqu'ils produisent eux-mêmes leur propre éclairage. Comme pour les chants, chaque espèce dispose de son propre code visuel. Les émissions lumineuses permettent donc aux différentes espèces de se distinguer les unes des autres.

DANS LA NATURE

Le ver luisant n'est pas un ver du tout : c'est la femelle du lampyre, un petit coléoptère des prairies et forêts européennes. Mais comme elle ne possède pas d'ailes, son aspect larvaire lui a valu son surnom de « ver ». Les mâles, plus petits, sont ailés. En juin et juillet, la femelle les attire par la lumière vert-jaune qu'elle émet à l'extrémité de son abdomen. Elle est capable de luire ainsi deux heures par nuit et jusqu'à dix nuits de suite. Alors qu'il vole au-dessus des prés, le mâle peut l'apercevoir à 50 m de distance. Il évalue la fécondité de la femelle à sa luminosité : une forte lumière indique qu'elle est grande et qu'elle porte donc plus d'œufs. Dès qu'elle a réussi à attirer un partenaire, la lumineuse séductrice cesse de luire, s'accouple, puis pond ses œufs et meurt peu après.

Généralement, la femelle investit beaucoup plus d'énergie que le mâle dans la reproduction, par exemple pour la production des œufs ou dans la protection des petits. Dans le cas des lampyres, les femelles présentent une grande variabilité et il est important pour les mâles de bien choisir leur compagne. Des femelles attractives et des mâles qui choisissent, une situation inhabituelle dans le monde animal !

Chez les lucioles, des espèces voisines des lampyres, le mâle en vol émet des flashs lumineux et la femelle posée sur une branche lui répond de la même façon, à deux secondes d'intervalle. Elle tourne son abdomen vers le mâle pour intensifier sa réponse. Le mâle ne répond pas mais, en moins d'une seconde, il modifie son vol et s'oriente vers elle. Ils exécutent ainsi un véritable duo dans lequel la lumière remplace le chant.

L'attractive bioluminescence

Les signaux lumineux peuvent être émis en vol alors que la plupart des insectes chanteurs doivent être posés pour émettre leurs vocalises. Les criquets, par exemple, stridulent en frottant leurs pattes sur leurs ailes et sont donc incapables de chanter en volant.

Cette capacité à produire de la lumière, la bioluminescence, est apparue indépendamment dans près de quarante groupes zoologiques. Selon les espèces, elle est utilisée pour attirer des proies, effrayer les prédateurs ou séduire un partenaire. Il s'agit d'une lumière froide produite de façon chimique par la rupture d'une molécule de luciférine, sous l'action de la luciférase en présence d'oxygène. En effet, la coupure d'une molécule est susceptible de produire de l'énergie, généralement sous forme de chaleur, mais dans ce cas, il s'agit de lumière visible. Certaines espèces produisent elles-mêmes leur lumière alors que d'autres hébergent des bactéries pour ce faire.

Les subtilités de l'attraction lumineuse sont modelées par les mutations qui surviennent par hasard et qui en modifient le rythme ou l'intensité. La moindre nouveauté apparue dans les signaux d'attraction sexuelle est susceptible de séparer rapidement deux groupes voisins. En effet, si mâles et femelles ne se reconnaissent plus, les deux populations vont évoluer différemment l'une de l'autre et, finalement, donner naissance à deux espèces distinctes. Ce phénomène semble particulièrement rapide chez les animaux qui se séduisent par la lumière. Ainsi, les lignées à parade lumineuse comprennent plus d'espèces que les autres, que ce soit chez les poissons, les insectes, les pieuvres ou les vers.

Dans la nuit des océans

Il existe un environnement dans lequel la bioluminescence est particulièrement utile : les abysses océaniques qui sont plongées dans une nuit permanente. Dans les océans, l'obscurité est presque totale en dessous de 200 m de profondeur. Là, l'émission de lumière joue un rôle essentiel pour près des 80 % des espèces de poissons, de crustacés ou de céphalopodes, comme les calmars.

La baudroie abyssale *Linophryne* est associée à des bactéries productrices de lumière qui vivent dans la petite boule de chair qu'elle agite devant sa gueule pour attirer des proies… et des mâles. En effet, seule la femelle est pourvue de cet organe. Le mâle, beaucoup plus petit, est incapable de se nourrir par lui-même. Mais grâce à ses grands yeux, il peut repérer le lumignon de la femelle dans la nuit des abysses. S'il n'y parvient pas, il est promis à une mort rapide. Une fois qu'il a trouvé une partenaire qui lui convient (c'est-à-dire de sa propre espèce), il nage frénétiquement dans sa direction. Puis, lorsqu'il arrive au contact de son ventre, il plante ses dents minuscules dans son abdomen et perd alors toute autonomie. Très vite, il est en effet connecté au système sanguin de la femelle qui se charge ainsi de le nourrir, en échange des spermatozoïdes qu'il émettra lors de chaque ponte. On a compté jusqu'à huit mâles parasites attachés à une seule femelle. Il arrive cependant que l'identification échoue et que le mâle s'attache à une femelle d'une autre espèce. Il meurt alors sans descendance.

DANSE NUPTIALE LUMINEUSE

Même à proximité de la surface, des organismes marins se servent de la bioluminescence pour leur reproduction. *Odontosyllis enopla* est un ver de 3 cm de long qui vit dans l'archipel des Bahamas. Il se tient d'habitude au fond de l'eau, mais monte parfois en surface pour une danse nuptiale lumineuse. La reproduction a lieu en été, deux à quatre jours après la pleine lune, dont la lumière agit comme un stimulus. Les femelles montent à la surface 55 minutes après le coucher du soleil et nagent en cercle tout en émettant des flashes de lumière bleu-vert. Les mâles se joignent ensuite à la danse, en produisant eux aussi de la lumière. Œufs et spermatozoïdes sont alors émis dans l'eau.

Autre exemple, celui des poissons-lanternes qui vivent en profondeur dans tous les océans. Ils constituent une part importante des proies disponibles pour les baleines, les manchots ou les calmars qui se nourrissent dans les abysses. Ces poissons portent sur le ventre des photophores, petites boules lumineuses qui émettent une lumière bleue, verte ou jaune. Ces luminaires sont disposés selon un schéma précis et différent selon l'espèce et le sexe des individus.

La femme fatale

Comme tous les appels destinés à séduire un partenaire, la bioluminescence présente un danger puisque les flashes lumineux sont susceptibles d'attirer aussi des prédateurs. Mais dans le cas des lampyres, le risque est faible car les dévoreurs potentiels de lucioles ont appris à leurs dépens que ces insectes sont à peu près immangeables du fait de leur venin proche de celui des crapauds, la lucibufagine. La bioluminescence des lampyres constitue donc aussi un signal avertisseur de non-comestibilité. Cela ne les rend pas invulnérables pour autant, le plus grand risque venant des membres de leur propre famille !

Les entomologistes anglophones qualifient la femelle du lampyre *Photuris* de « femme fatale », car elle pratique une forme très particulière de mimétisme sexuel. En effet, les appels lumineux qu'elle lance correspondent à ceux d'autres espèces de lampyres. Elle ne cherche pas du tout à s'accoupler avec les mâles qu'elle parvient ainsi à attirer, mais les dévore aussitôt qu'ils se posent à ses côtés. Non seulement cette « croque-messieurs » n'est pas sensible au poison que contiennent ses proies, mais elle sait le réutiliser pour son propre usage, ce qui lui évite d'avoir à en produire elle-même.

En théorie, la stratégie prédatrice de ce lampyre pourrait être désastreuse, aboutissant, à terme, à l'absence de toute reproduction puisque la femelle séduit des mâles d'autres espèces et non ses propres mâles. Mais ceux-ci se sont adaptés et émettent eux aussi les signaux des autres espèces. Et lorsqu'un mâle *Photuris* se pose auprès de sa partenaire, celle-ci abandonne son comportement agressif et accepte l'accouplement. A malin, malin et demi…

Des gazouillis électrisants

A défaut de lumière, un autre rayonnement est parfois utilisé dans la recherche d'un conjoint. Les poissons-éléphants, ou mormyres, sont des poissons électriques des rivières africaines. Des muscles situés à la base de la queue et transformés en batteries produisent de faibles courants électriques. Ils s'en servent pour repérer les obstacles, pour trouver leurs proies cachées dans la vase mais aussi pour la communication entre mâles et femelles. Ceux-ci émettent alternativement des salves d'impulsions, analogues à des suites de crissements et de décharges isolées. Les couples constituent ainsi des duos électriques comparables à ceux, acoustiques, des oiseaux chanteurs.

Les différentes espèces de mormyres se distinguent par la longueur de leur signal électrique. Deux espèces apparentées vivant au même endroit dans le fleuve Congo restent isolées l'une de l'autre grâce aux courants qu'elles émettent. En effet, les femelles de chaque espèce préfèrent le signal de leurs mâles à celui des mâles de l'autre espèce. La forme précise du signal dépend aussi du sexe et du statut social des individus.

CHEZ LES HUMAINS

Des yeux traversés d'étincelles et des contacts électrisants : le vocabulaire amoureux des zoologistes est très évocateur concernant notre propre espèce, pour laquelle la forme ultime de la séduction est d'ailleurs… le coup de foudre ! C'est LA notion poil-à-gratter de tout livre consacré à la séduction. Tout simplement parce qu'en cas de coup de foudre, l'amour se constate, il ne se construit pas. Mais existe-il vraiment ? Selon diverses études, une personne sur trois en moyenne se mettrait en couple après un coup de foudre, et une personne sur cinq irait jusqu'au mariage. Le problème est que le terme peut recouvrir plusieurs situations bien distinctes : le coup de foudre est-il un phénomène magique contre lequel vous ne pouvez rien, ou une reconstruction a posteriori ?

Examinons cette dernière hypothèse. De très nombreux travaux de psychologie cognitive ont montré combien notre mémoire pouvait être menteuse. Une étude publiée en 2014 a montré que si des sujets rédigent certains souvenirs intimes à trois mois d'intervalle, 75 % des récits diffèrent d'une version à l'autre, non seulement dans les petits détails mais aussi dans les aspects majeurs comme l'endroit où les événements sont censés s'être déroulés (des recherches plus anciennes ont montré combien nos récits pouvaient différer à quelques mois d'intervalle pour évoquer ce que nous faisions le 11 septembre 2001). De tels écarts sont également observés quand les sujets sont invités à raconter leur première rencontre ou leur premier rendez-vous avec leur conjoint(e) : là encore, les souvenirs varient d'une évocation à la suivante. Ce qui est encore plus curieux, c'est que les récits changent moins lorsque l'histoire d'amour évoquée est terminée. Tant que le couple est intact, les souvenirs se réécrivent davantage. L'histoire est mouvante, elle évolue. Ils sont davantage figés en cas d'histoire ancienne : affaire classée, en quelque sorte.

Le cœur qui bat ? Ça ne peut être que l'amour !

En admettant (version pessimiste) que le coup de foudre ne soit qu'un conte de fées rétroactif qu'on se raconte de bonne foi, il n'en reste pas moins que certaines rencontres suscitent bel et bien des émotions fortes... Toutefois, l'inverse est vrai également : d'une émotion forte purement contextuelle qui n'a rien à voir avec l'amour peuvent naître les prémices de sentiments très profonds. Arrêtons-nous sur une expérience fameuse de la psychologie. Un homme traversant une passerelle au-dessus du vide se voit accosté par une jeune femme qu'il n'a jamais vue. Elle lui présente un dessin abscons et lui demande ce que cela peut bien représenter. Comme par hasard, il y verra facilement une connotation sexuelle et cherchera à revoir son interlocutrice. Si ce même homme est abordé sur la passerelle par un homme, il ne décèlera rien de notable dans le dessin et ne cherchera pas à sympathiser avec l'inconnu. Il y a plusieurs façons d'interpréter ces observations. D'abord, à pied, à cheval, en voiture, sur une passerelle, les hommes profitent de toutes les occasions pour tenter leur chance, bien plus que les femmes (voir p. 37). Ensuite, il est possible que le stress ressenti au-dessus du vide soit considéré à tort par l'intéressé comme l'indice d'un désir. comme l'indice d'un désir. Le cœur bat la chamade ? Ce n'est pas l'altitude, c'est l'annonce de l'amour !

Cette explication peut sembler tirée par les cheveux. Pourtant, d'autres expérimentations montrent que si vous faites courir des hommes sur place et que vous leur présentez ensuite une inconnue, ils la trouveront plus séduisante que s'ils ne se sont pas dépensés physiquement. Plus fort encore : faites écouter à des hommes, en direct, une accélération de leurs pulsations cardiaques. Montrez-leur le portrait d'une inconnue : ils la trouveront plus séduisante, là encore, que des hommes laissés au repos. Et puis, surprise ! Dites-leur la vérité : le cœur qu'ils ont entendu n'était pas le leur, mais un simple enregistrement. Qu'à cela ne tienne, la femme les intéresse quand même : ce qui est fait est fait, ce qui est senti est interprété et persiste. Une émotion forte fait naître ou amplifie l'attirance pour quelqu'un d'autre. Aussi bien les hommes que les femmes se languissent davantage de rencontrer quelqu'un en descendant des montagnes russes (on l'a vérifié !). Et les couples déjà formés se tiennent davantage enlacés en sortant d'un cinéma qu'en y entrant. L'excitation physiologique aidant, on se fait volontiers plus tendre ou plus entreprenant.

L'effet de halo

Mais plutôt qu'à la foudre, ce chapitre est consacré à la lumière. En sait-on davantage ? Avec des phénomènes aussi divers que la dépression saisonnière ou nos préférences pour un éclairage naturel plutôt qu'artificiel, l'influence de la lumière sur notre humeur n'est plus à démontrer. Par exemple, plus une lumière est intense, plus nous éprouvons d'émotions fortes (qu'elles soient plaisantes ou non), à court terme en tout cas. Etrangement, on trouve fort peu de recherches consacrées au rôle de la lumière dans la séduction humaine. On pense tout de suite qu'une lumière tamisée s'avère plus propice, mais la raison précise demeure inconnue. Et puis, après tout, se retrouver en plein soleil sur une plage, c'est très bien aussi...

Quitte à jouer sur les mots, évoquons non pas l'effet de la lumière sur la séduction, mais « l'effet de halo », une notion de psychologie sociale bien documentée. En l'occurrence, lorsque nous trouvons une personne physiquement à notre goût, nous lui supposons aussitôt de multiples qualités : intelligence, gentillesse, humour... Mais pas forcément la fidélité, du moins si l'on est un homme face à une jolie femme. Avec l'effet de halo, l'amour (ou le désir, n'allons pas trop vite) rend aveugle à force d'illuminer notre partenaire dans notre propre regard, et nous voici comme des lapins devant les phares d'une voiture, ou plutôt comme un *Photuris* fasciné par sa femelle bioluminescente...

6.

Charmer comme un cerf

Si un séducteur accompli porte un parfum enchanteur et se montre capable de fredonner, voire de roucouler, son apparence compte aussi. Des traits harmonieux, un physique avantageux, une grande taille peuvent contribuer à son succès, chez les cerfs comme chez les humains. Grand rime souvent avec attirant.

DANS LA NATURE

Contrairement à ce que nous croyons souvent, marqués par notre anthropocentrisme, dans le règne animal, les femelles sont généralement plus grandes que les mâles. Elles dépensent plus d'énergie qu'eux pour la production de leurs cellules sexuelles puisque les ovules sont beaucoup plus gros que les spermatozoïdes. C'est particulièrement le cas chez les espèces de petite taille, notamment les oiseaux, où une plus grande corpulence peut réduire les dépenses d'énergie, au moins proportionnellement. Il est donc avantageux pour les femelles d'être plus massives. En outre, si elles sont plus grandes, elles produisent généralement des petits en meilleure santé et peuvent plus facilement les protéger. C'est le cas pour quantité d'oiseaux, mais aussi pour les baleines et les lapins.

Cependant on observe parfois l'inverse, surtout lorsque les mâles sont avantagés par leur stature dans les combats qui les opposent les uns aux autres. Ils sont alors aussi plus grands que les femelles. Cette taille les favorise nettement dans le domaine de la reproduction, les femelles étant souvent attirées par les individus les plus massifs. C'est le cas des biches, qui écoutent avec plus d'attention les brâmes les plus graves, provenant des mâles les plus imposants, qui s'expriment aussi plus fréquemment que les autres. Le brâme étant énergétiquement coûteux pour le cerf, les biches peuvent ainsi choisir les mâles qui donnent les signes d'une plus grande vigueur.

Si être grand présente d'indiscutables avantages, notamment en matière de séduction, cela comporte aussi quelques inconvénients : se cacher est plus difficile et il faut trouver davantage de nourriture.

Symétrique, c'est chic !

Les détails de la morphologie de l'individu doivent également être pris en compte. Il est évidemment impossible de connaître les goûts esthétiques des animaux. On a même tendance à leur dénier toute capacité dans ce domaine, bien qu'il existe quelques exemples de préférences affichées pour certaines couleurs (voir le jardinier satiné, p. 176). C'est presque toujours la femelle qui choisit le mâle et se montre donc sensible à son apparence.

La plupart des animaux présentent une symétrie bilatérale, avec un avant et un arrière, une droite et une gauche (parmi les exceptions, on trouve par exemple les oursins ou les méduses). Cependant aucun animal n'est complètement symétrique (pas plus que les humains d'ailleurs). Tout d'abord, il existe des organes asymétriques, comme le cœur. Et certains animaux sont normalement asymétriques, par exemple les crabes violonistes dont l'une des pinces est beaucoup plus grosse que l'autre (voir p. 138). Mais il existe une autre forme d'asymétrie, plus aléatoire. En effet, chaque individu présente une multitude de petits écarts à sa symétrie « théorique » : le nez n'est pas parfaitement droit, les deux yeux ne sont pas identiques, la colonne vertébrale présente une légère déviation, etc. Comme toutes ces petites variations touchent aussi bien la droite que la gauche, la somme de tous ces écarts a été qualifiée d'« asymétrie fluctuante ». Elle est due à des événements aléatoires qui surviennent au cours du développement. Cette asymétrie globale a été considérée comme un signe de la capacité de l'organisme à répondre aux contraintes de l'environnement, pendant le stade embryonnaire et au cours de la croissance de l'individu. Ainsi, une forte asymétrie pourrait être le signe d'un stress environnemental qui aurait provoqué des perturbations mal régulées. Inversement, une faible asymétrie (donc une séduisante symétrie) serait le reflet des bonnes qualités globales de l'individu.

Les biologistes ont cherché à savoir si la symétrie était susceptible d'être l'un des indices utilisés par les animaux pour le choix de leurs conjoints. Ils en ont effectivement constaté des exemples, notamment chez les papillons. Ainsi, les femelles des pyrales du maïs choisissent préférentiellement les mâles à ailes faiblement asymétriques. Mais il n'est pas évident que ce soit l'équilibre des formes qui les attire. Les mâles les plus symétriques volent peut-être mieux que les autres, se nourrissent plus efficacement et sont donc globalement plus attractifs.

Chez le cerf, le mauvais développement d'un des bois peut correspondre à la perturbation d'un des testicules qui ne produit alors plus assez de testostérone. De toute façon, son sort sera réglé lors des combats entre mâles puisqu'il sera rapidement éliminé. Plus généralement, les cerfs aux bois plus symétriques sont en meilleure santé et plus susceptibles de dominer leurs congénères. Là encore, c'est l'issue du combat qui détermine le choix des biches et sans doute pas l'aspect inesthétique des bois. En revanche, dans d'autres espèces, comme le tétras-lyre, l'asymétrie paraît n'avoir aucune importance.

CHEZ LES HUMAINS

Qu'est-ce qui rend un visage attrayant ? Les études sont parfois contradictoires. Les femmes apprécient par exemple un faciès très viril, à la mâchoire carrée, mais paradoxalement, hommes et femmes avouent souvent un faible pour les physionomies adultes aux traits relativement enfantins. Un visage peut donc être trouvé beau sans pour autant éveiller le désir, heureusement. Cependant, parmi tous les critères de beauté, un maximum de symétrie faciale passe pour primordiale en matière de séduction. Madame *Homo sapiens* fait ainsi preuve d'un goût que ne renierait pas Madame pyrale du maïs. Dans les années 1990, des chercheurs suivant au long cours la vie privée de divers hommes ont observé que ceux nantis d'un visage apparemment symétrique trouvaient davantage de partenaires en moyenne et en tiraient plus de satisfaction sexuelle. Pour ajouter aux injustices, un visage masculin considéré comme beau par les femmes serait lié à une meilleure qualité du sperme : Madame, si vous vous sentez chavirer pour George Clooney, c'est peut-être qu'un petit radar ancestral vous le désigne comme un conjoint recommandable pour du long terme, car probablement doté d'une bonne santé, donc de bons gènes qui assureraient une descendance pourvue des meilleures chances de survie. Amis de la poésie, bonsoir…

La chasse aux beaux visages

« Le charme inattendu d'un bijou rose et noir », qu'il voyait scintiller en une certaine Lola de Valence, inspirait Charles Baudelaire. On pourrait reprendre la formule pour qualifier un visage agréable qui, à peine aperçu, trouble parfois notre raison, même de manière imperceptible. Par exemple, présentez rapidement à un homme quinze portraits d'autres hommes. Demandez-lui ensuite combien il a entrevu de beaux visages. Son estimation sera correcte. Faites-la même expérience mais avec des portraits de femmes : rétrospectivement, il surestimera le nombre de jolis minois entraperçus. Surtout s'il est célibataire, comme par hasard ! Explication avancée par les chercheurs : les hommes en quête de partenaires repèrent instantanément les femmes attractives. Et en seraient émoustillés au point d'en voir plutôt trop que pas assez.

Problème : si c'est une femme qui se voit proposer des portraits d'hommes, elle reste imperturbable et estime correctement, après-coup, le nombre de beaux visages. Mais si on lui soumet des photos d'autres femmes, voilà qu'à son tour elle surestime ensuite le nombre des visages agréables... et surtout si elle est déjà en couple ! Pourquoi ? Les chercheurs supposent cette fois que les femmes déjà casées resteraient à l'affût de rivales potentielles. De l'art de retomber sur ses jambes avec des résultats contradictoires, au prix de raisonnements contorsionnistes... D'autre part, si vous leur présentez des photos d'inconnus des deux sexes, les hommes ont tendance à se pencher davantage sur celles montrant de jolies femmes que sur celles illustrant de beaux messieurs. Alors que les femmes, elles, semblent préférer le portrait d'une jolie personne, quel que soit son sexe. Pourquoi ? On l'ignore, et c'est à devenir chèvre.

Les hommes préfèrent-ils les blondes ?

Le bijou rose et noir que peut être un visage est serti d'un écrin : la chevelure. A première vue, d'ailleurs, les dés sont jetés : statistiquement les hommes à l'aise financièrement s'entoureraient plutôt de blondes, qui, comme par hasard, sont souvent jugées plus jeunes. Ce sont les blondes qui sont le plus fréquemment accostées dans les bars, le plus facilement prises en stop, ce sont elles encore qui se voient remettre le plus facilement de l'argent si elles en demandent pour une noble cause ou pour elles-mêmes. Elles, toujours, qui sont le plus présentes dans les médias, les magazines dits de charme ou les films pornos. Tout cela a été vérifié. Peut-être paraissent-elles précieuses en vertu de leur rareté, puisque seules 2 % des femmes bénéficieraient naturellement de cette couleur de cheveux sur la planète.

Il se dégage ainsi l'impression désagréable que les blondes se trouvent fréquemment rabaissées au rang d'objets, comme un signe extérieur de prestige... Et pourtant, surprise : non, les hommes ne les préfèrent pas. Les deux tiers d'entre eux jugent les brunes plus jolies. Très schématiquement, à leurs yeux, mieux vaut une blonde pour épater la galerie mais une brune pour séduire et aimer.

En plus de leur couleur, la longueur des cheveux n'est pas indifférente. Plus une femme a les cheveux longs, plus elle court de chances (ou de risques, c'est selon...) de se faire aborder. Explication possible : les hommes leur supposent intuitivement une meilleure santé. Bizarre mais statistiquement, ce serait souvent vrai, d'autant plus que les femmes aux cheveux longs donneraient naissance à davantage d'enfants. Avec le temps et la diminution de leur fécondité, leurs coiffures auraient tendance à raccourcir, à en croire une enquête de 2001 portant sur plusieurs centaines de femmes de 13 à 73 ans.

Deux mots, enfin, sur la pilosité (voir p. 126) car en la matière les goûts divergent. La moitié des femmes apprécient que les hommes soient poilus, les autres s'avouent moins enthousiastes. Le sens commun nous souffle que les hommes ne raffolent pas des poils chez les femmes, ce que les études confirment (et c'est sur les jambes qu'ils rebutent le plus). Pour peu que barbe et moustache soient à la mode, les hommes pas rasés auraient davantage de chances de se marier. En outre, ils feraient davantage d'enfants illégitimes. A en croire, du moins, les observations réalisées entre le milieu du XIXe siècle et le milieu du XXe. La barbe, même soigneusement entretenue comme chez les hipsters, ferait plus viril, plus mûr, plus intelligent, mais pas plus beau, ni plus propre.

Epaules de déménageurs et poitrines 3D

Evidemment, le visage ne fait pas tout. Diverses recherches globalement convergentes portent depuis plusieurs décennies sur la perception du corps dans son ensemble. Ainsi, quand on les interroge, les femmes paraissent sensibles à la silhouette des hommes : les larges épaules assorties d'une taille mince sont hautement appréciées. Telles les biches prises par un doux vertige auprès d'un grand cerf, elles préfèrent sinon les grands hommes, du moins les hommes grands, plus grands qu'elles : au gré des annonces de rencontres, 80 % de femmes souhaitent rencontrer un homme mesurant au moins 1,80 m. Cette préférence a été observée dans des cultures très différentes. Les hommes de haute stature auraient en moyenne plus d'enfants et plus de postes à responsabilité. Mais pourquoi les femmes sont-elles en moyenne plus petites que les hommes alors que leur taille joue un rôle important au moment de l'accouchement (celui-ci est statistiquement plus risqué pour les femmes de petite taille) ? Les hommes préféreraient-ils les femmes plus menues ? Et pour quelle raison ? Le problème est d'autant plus complexe que la différence de taille entre les sexes est très variable d'un pays à l'autre.

Selon certains chercheurs, les hommes choisiraient des femmes à « forte valeur reproductive », estimant cette valeur à partir du rapport taille/hanche, ou, plus prosaïquement, d'après leur estimation des réserves graisseuses éventuellement disponibles pour une grossesse. Ainsi pourrait-on expliquer certaines modes comme celle du corset associé à une robe à crinoline exagérant fortement ce rapport corporel. Mais cette hypothèse entre en contradiction avec leur préférence presque universelle pour des femmes plus petites. De toute façon, même si des considérations d'ordre biologique ont pu avoir une certaine importance autrefois chez nos lointains ancêtres, les facteurs culturels ont largement pris le pas et ce, depuis plusieurs milliers d'années au moins…

Quant aux hommes, ils s'avouent avant tout sensibles à la poitrine pour juger qu'une inconnue vaudrait une tentative de séduction. Suivant les études, viennent ensuite les fesses ou le sexe, puis les jambes, et… rien ! Ou presque. En l'occurrence, ils ne s'embarrassent pas du superflu. Plus précisément, les hommes s'imaginent volontiers qu'une femme aux petits seins serait nantie de meilleures qualités morales et professionnelles. Tout le problème est qu'entre une femme aux petits seins et une autre plus plantureuse, ils jugeront mieux la première mais courtiseront davantage la seconde. Des observations de psychologie sociale montrent ainsi que plus une femme a une forte poitrine, plus on cherche à la séduire. Bien d'autres clichés sont confirmés par les observations scientifiques : par exemple, les hommes se montrent plus empressés pour rendre service aux femmes qu'ils trouvent à leur goût, ou se confient plus facilement à une jolie psychothérapeute.

De Vénus à Barbie

A parcourir ces recherches, on se demande évidemment s'il faut attribuer l'attrait pour la beauté à la recherche instinctive de bons gènes. Ne s'agit-il pas, tout simplement, d'une soumission à la mode du moment ? Songez aux rondeurs des femmes sur un tableau de Rubens ou de Boucher, ou encore aux gaillardes moustaches en guidon de bicyclette jugées irrésistibles à la Belle Epoque : il est évident qu'en matière de beauté physique, les goûts et les couleurs changent au fil des siècles, ne présentant donc rien d'universel. Et pourtant, des études réalisées sur tous les continents montrent une préférence des deux sexes pour un certain ratio tour d'épaules/tour de taille chez l'homme et tour de hanches/tour de taille chez la femme. Le ratio optimal masculin aux yeux des femmes serait compris entre 0,85 et 0,95, ce qui donne la solide carrure et les hanches étroites tant prisées. Le ratio optimal des femmes, aux yeux des hommes, serait de 0,7, soit les mensurations d'une femme prétendument parfaite dont le prototype porte un nom : la poupée Barbie ! Une femme avoisinant ce chiffre magique serait considérée comme plus jeune, dotée d'une meilleure santé, plus féconde que la moyenne, mais aussi, par effet de halo (voir p. 91), gentille, honnête, etc. Hélas ou heureusement, cette femme « parfaite » aux mensurations exactes de Barbie, n'existe pas. Ou quasiment : une femme sur 100 000 seulement serait l'heureuse élue. La course à l'échalote pour une perle rare…

7. Se maquiller comme un flamant rose

Pour séduire, il faut bien entendu soigner son apparence et adapter son style à la situation. C'est évident pour les humains, mais rares aussi sont les animaux qui n'y attachent pas d'importance, à moins qu'ils ne vivent dans l'obscurité.

DANS LA NATURE

La séduction est souvent liée aux qualités réelles ou supposées du conjoint, des qualités utiles pour que toute l'aventure de la reproduction aboutisse de façon satisfaisante, c'est-à-dire avec des petits nombreux et en bonne santé. Il convient donc que l'heureux élu soit lui-même vigoureux et indemne de parasites ou de maladies. Et dans ce domaine, l'apparence extérieure et le comportement peuvent donner de précieux indices.

Le prétendant doit aussi prouver qu'il saura s'occuper des petits, au moins dans les espèces où les deux parents coopèrent dans ce domaine. En l'absence ici de considérations culturelles ou romantiques, se fonder sur d'autres critères aboutirait à une perte de temps et d'énergie. Cependant, puisque la séduction précède en principe la naissance des petits, l'évaluation des capacités du conjoint à s'en occuper ne peut être qu'indirecte, au moins pour la première portée.

Tenue de noces

Si la forme globale du corps ou de la face n'est pas un élément probant, il n'en est pas de même du costume. L'aspect et les couleurs des écailles, du pelage ou du plumage donnent des indications fiables sur l'état de santé de l'individu, donc a priori sur sa vigueur et sur l'énergie qu'il pourra déployer pour nourrir et protéger ses descendants. L'aspect de l'animal est encore plus important s'il a revêtu une tenue particulière en vue de ses noces. Un plumage nuptial terni et abîmé serait de très mauvais augure ! Deux groupes zoologiques sont particulièrement concernés par ces mues destinées à séduire : les poissons et les oiseaux.

L'épinoche est un petit poisson d'eau douce ou saumâtre, présent dans tout l'hémisphère nord. Au printemps, le mâle change de couleur. Son ventre devient rouge-orangé, ses flancs bleuâtres et ses yeux prennent des teintes irisées. A l'inverse, la femelle garde sa livrée argentée habituelle. Avec des herbes aquatiques et des débris végétaux, le mâle construit un nid en forme de tunnel. Après une danse nuptiale en zig-zag, il attire la femelle jusqu'à l'entrée du nid, puis la pousse à y entrer. Une fois qu'elle se trouve à l'intérieur, il la stimule par de petits coups de tête pour qu'elle ponde. Ensuite, il dépose sa laitance sur les œufs qui sont alors fécondés. Jusqu'à l'éclosion, c'est lui qui se charge de les surveiller et de les ventiler par ses mouvements des nageoires.

Mâles et femelles peuvent se reproduire plusieurs fois au cours d'une saison de reproduction, mais cette activité est énergétiquement très coûteuse et la plupart des poissons meurent en fin de saison. Certains mâles sont si épuisés par leurs efforts qu'ils dépérissent peu après la ponte, ce qui compromet la survie des œufs et des petits. S'ils sont trop affamés, il arrive même qu'ils mangent les œufs. Si elle ne veut pas déployer ses efforts en pure perte, la femelle a donc intérêt à choisir un mâle vigoureux et qui s'est bien nourri au cours des semaines précédentes. C'est là que ses couleurs nuptiales constituent un signal sans équivoque. Un ventre rouge-orangé resplendissant montre qu'il a su trouver des aliments riches en carotène, le pigment qui lui confère sa nouvelle teinte. Et effectivement la femelle préfère les mâles à coloration intense.

Mais attention, certains mâles magnifiquement colorés ont dépensé tellement d'énergie pour acquérir et maintenir leur tenue de noces qu'ils sont trop épuisés pour surveiller et ventiler convenablement leur ponte dont le succès est alors médiocre. Les femelles tiennent sans doute compte d'autres aspects du comportement du mâle afin de déceler des signes d'épuisement potentiel, ce qui complique leur choix...

Jaune, orange, rouge...

Les couleurs jaune et rouge sont très répandues dans le monde animal. Certains pigments sont synthétisés par les animaux, par exemple les perroquets et les perruches. Mais les vertébrés sont incapables de produire eux-mêmes les pigments à base de caroténoïdes et doivent donc les trouver dans leur alimentation. Ainsi, les vautours percnoptères, qui ont une face jaune orangé dépourvue de plumes, trouvent leurs caroténoïdes dans les crottes des ruminants, surtout ceux qui vivent sur de riches prairies d'herbes vertes. De même, pour leur parade nuptiale, les guppys des Antilles se couvrent de taches orange qui se forment à partir du carotène contenu dans leurs aliments. Comme ce pigment est assez rare dans leur milieu de vie, la coloration du mâle est un bon indice de ses compétences dans la recherche de nourriture.

Une partie des teintes jaune, orange ou rouge arborées par les animaux est donc liée à leur capacité à trouver les baies ou les insectes qui en contiennent. En captivité, s'ils ne sont pas nourris convenablement, les flamants roses et les canaris pâlissent et deviennent blancs. Si l'on fournit des caroténoïdes à des animaux d'élevage, tous se colorent de façon similaire, mais dans la nature on observe de grandes variations d'un individu à l'autre. Tous ne disposent pas des mêmes aptitudes pour se procurer les pigments nécessaires. C'est sur ces qualités qu'ils seront jugés lors de leurs parades.

Ces couleurs sont coûteuses à produire. L'animal qui les affiche indique ainsi qu'il possède d'abondantes réserves d'énergie et qu'il n'est pas diminué par une maladie ou affaibli par des parasites. De plus, les caroténoïdes assurent d'autres fonctions importantes dans leur organisme. Ils interviennent dans la production de vitamines, protègent les cellules contre les radicaux libres et stimulent le système immunitaire. Leur présence montre donc également un bon état de santé général.

Chez les flamants roses, la couleur joue un rôle très important dans la parade nuptiale (voir p. 142). Le rose de leur plumage provient en partie de leur alimentation, des petits crustacés, les artémies, qu'ils capturent en filtrant l'eau des lagunes avec leur bec. Les artémies sont plus ou moins translucides, avec une teinte rose-saumon due à leur propre nourriture, des algues microscopiques du plancton. Celles-ci produisent ce pigment qui intervient dans la photosynthèse, leur capacité à produire leur propre matière à partir du CO_2 dissout dans l'eau grâce à l'énergie du soleil. Bref, les flamants sont roses grâce au fonctionnement de l'ensemble de cette chaîne alimentaire. Mais ce n'est pas tout. Comme beaucoup d'oiseaux, ils possèdent une glande uropygienne située au niveau de leur queue et qui produit une sécrétion graisseuse contenant des caroténoïdes dont ils enduisent leurs plumes pour les entretenir et renforcer leur attractivité. Une sorte de maquillage 2 en 1 : embellisseur et rehausseur de couleur !

Le carotène n'est pas le seul pigment utilisé pour les tenues de noces. Les touracos, des oiseaux africains, produisent leur brillante couleur rouge grâce à la turacine, un pigment qu'ils synthétisent et qui nécessite du cuivre. Ce métal est présent en très petite quantité dans les fruits et les feuilles dont ils se nourrissent. Il leur faut des mois pour en consommer suffisamment. Ce point est important car si la teinte nuptiale était facile à obtenir, elle ne donnerait aucune information sur les qualités du mâle.

D'autres teintes sont facilement produites à partir de petites molécules banales. C'est le cas de la mélanine, le pigment brun qui colore les plumes des corbeaux et de nombreux autres oiseaux. Ainsi, le plumage noir du merle ne donne guère d'informations sur son état, mais son bec, au contraire, est très éloquent. Jaune pâle, il indique un mâle mal nourri, peut-être malade, alors qu'une couleur orange vif signale un individu en pleine possession de ses moyens, donc un père a priori convenable. Il montre aussi qu'il produit beaucoup de prolactine, une hormone qui joue un rôle important dans l'attachement des parents à leurs petits (chez les oiseaux comme chez les mammifères), une qualité qui ne peut que séduire la femelle.

Les couleurs du chef

La plupart des oiseaux sont actifs le jour. Ils ont une excellente vue (indispensable pour voler) alors que leur odorat est souvent médiocre. Il n'est donc pas étonnant que leurs préférences en matière amoureuse soient basées sur l'apparence plutôt que sur les odeurs. Au contraire, la plupart des mammifères ont des couleurs ternes, grises ou brunes, qui servent plus à les camoufler qu'à les rendre séduisants. Beaucoup d'entre eux sont actifs la nuit et se fient bien plus aux odeurs qu'aux couleurs.

Le mâle mandrill, un singe des forêts denses d'Afrique centrale, fait figure d'exception, arborant un museau bleu pâle strié de bleu foncé, avec une bande rouge s'étendant de ses yeux jusqu'aux narines. Le tout est rehaussé par une barbiche jaune et, comme si cela ne suffisait pas, ses fesses et ses parties génitales sont également colorées en bleu, rouge et violet. L'intensité de la couleur rouge de sa peau est corrélée à son âge et à son rang social. Le mâle dominant, souvent le plus coloré du groupe, reste au contact des femelles. Il est d'ailleurs le seul qu'elles acceptent de toiletter. Elles consentent aussi à s'accoupler avec ce mâle et c'est lui qui engendre la plupart de leurs petits. Ses teintes témoignent de sa bonne santé et plus généralement de ses qualités, puisque malgré ce signal presque lumineux, il a échappé aux prédateurs. La vivacité de ses couleurs est liée à son taux de testostérone et à la taille de ses testicules. C'est donc un signe objectif de ses capacités reproductrices. Les mâles de rang inférieur, notamment les plus jeunes, sont plus pâles et se reproduisent beaucoup moins. Il est possible que ces couleurs constituent aussi un avertissement destiné aux autres mâles qui, au vu de la vigueur du mâle dominant, n'oseront pas contester sa supériorité. Ce serait donc un moyen de désamorcer toute velléité de combat, un facteur de paix sociale en quelque sorte...

Les femelles mandrill sont plus sensibles aux couleurs qu'au rang d'un mâle dans le groupe. Ainsi, lorsqu'un mâle dominant est destitué de son statut de mâle alpha, il ne perd pas nécessairement ses couleurs, bien que son volume testiculaire diminue. Il reste le préféré des femelles, qui continuent à se tenir à ses côtés et à le toiletter, bien qu'il ne s'accouple plus avec elles.

Ce lien entre le costume ornemental, le taux d'hormones mâles et le statut social est assez général. Chez le coq doré du sud-est asiatique, l'espèce sauvage à l'origine des poules domestiques, le statut du mâle affecte son taux de testostérone, qui modifie la taille et la coloration de sa crête rouge. De même chez le mérion superbe, un passereau australien, cette hormone peut avancer la mue prénuptiale des mâles dominants qui arborent alors des plumes irisées bleues et ultra-violettes. Quant au lion, s'il arbore une crinière de teinte sombre, cela indique à la fois une bonne nutrition et un fort taux de testostérone. Pour la lionne, c'est la garantie qu'il pourra contribuer à nourrir ses petits et surtout les protéger contre les autres mâles. Ceux-ci n'oseront ni se mesurer à lui, ni tuer ses lionceaux. Pourtant, la couleur sombre de la crinière peut être un inconvénient car, en plein soleil, elle accumule davantage de chaleur. Le lion doit donc dépenser plus d'énergie pour se refroidir et maintenir constante sa température interne. Du point de vue de la femelle, cela signifie

> **UN SIGNAL HONNÊTE**
>
> **Un signal (ou témoin) honnête donne des informations non mensongères sur l'état d'un conjoint potentiel. Selon les espèces, il s'agit de pigments colorés, d'un chant ou encore d'un comportement particulier. Quelle qu'en soit la forme, il doit être coûteux à produire, sinon il serait à la portée de n'importe quel individu, même dépourvu des qualités attendues par les femelles.**

que le mâle est suffisamment vigoureux pour supporter cet inconvénient. C'est un signal honnête (voir encadré ci-dessus) qui reflète les qualités réelles du mâle.

Un code couleur sociétal

Si la teinte d'un individu est un signal pour ses congénères, il arrive que la couleur structure la société tout entière. Chez le lézard à flancs marbrés *Uta stansburiana* qui hante les zones semi-désertiques de Californie, on observe trois types de mâles. Selon leurs gènes, ils arborent une gorge orange, bleue ou rouge. Ce polymorphisme, coexistence de diverses variétés de forme ou de couleur, est courant. Mais ce qui est exceptionnel dans cette espèce, c'est la liaison entre les couleurs et le comportement social. Les gorge-orange sont des individus dominants qui s'accouplent avec plusieurs femelles alors que les gorge-bleue sont monogames et surveillent attentivement leur conjointe. Enfin, les gorge-jaune n'ont pas de compagne attitrée et profitent de toutes les occasions pour s'accoupler.

Dans cette organisation tripartite, aucun groupe ne peut supplanter les autres. Les gorge-jaune marchent clairement sur les plates-bandes des gorge-orange dominants, mais ne parviennent pas à s'approcher des femelles des gorge-bleue, trop bien gardées. A l'inverse, les gorge-orange sont suffisamment puissants pour évincer les gorge-bleue et s'accoupler avec leurs femelles. Autrement dit, chacun voit sa stratégie efficace contre l'un des deux groupes et contrecarrée par l'autre. C'est une application animale du célèbre jeu pierre-feuille-ciseaux (dans lequel le papier enveloppe le caillou, qui casse les ciseaux, qui coupent le papier, etc.). Malgré des variations cycliques des proportions des trois groupes, le système est plus ou moins en équilibre et se maintient de génération en génération. Reste tout de même une question : dans ce jeu à trois, comment choisissent les femelles ? Ont-elles le choix des couleurs ?

Chacun sa teinte

Si les couleurs vives sont souvent attractives, ce n'est pas un élément de séduction universel. Ainsi, les femelles sont moins souvent colorées que les mâles. Lorsqu'elles sont seules à s'occuper de leurs petits, leur coloration terne est une tenue de camouflage qui les protège efficacement contre les prédateurs.

Quand mâles et femelles portent des tenues différentes, c'est aussi un moyen pour eux de se distinguer les uns des autres, voire pour les un(e)s d'éviter les autres ! Mais dans certaines espèces, des mâles se déguisent afin de pouvoir approcher les femelles sans encourir les foudres des conjoints en titre. Et bien sûr, le plus simple est alors de se travestir en femelle. On parle alors de mimétisme sexuel. On en connaît des exemples chez les oiseaux, les poissons et les insectes. Chez un poisson du littoral européen, la blennie-paon, certains mâles plus petits présentent la couleur et les mouvements des femelles. Cela leur permet d'entrer dans le nid des couples constitués sans être chassés par les mâles. Ils y émettent leur laitance et peuvent ainsi féconder une partie des œufs.

Chez la seiche géante australienne, les femelles sont tachetées de brun et de beige alors que les mâles portent des zébrures blanches et brunes. En période de reproduction, certains mâles plus petits prennent l'apparence de femelles pour s'approcher d'elles sans avoir à combattre les autres mâles. La tactique réussit une fois sur deux. La séduction n'a pas vraiment de place dans ces comportements mais certaines espèces mimétiques vont beaucoup plus loin, d'autant plus que les seiches sont capables de modifier en un instant la coloration de leur corps. Dans une espèce voisine, la seiche impressionnante (c'est son nom), le mâle ne se déguise qu'à moitié. Il prend l'apparence d'une femelle d'un côté du corps mais garde la coloration mâle de l'autre. Ainsi, il peut leurrer les mâles auxquels il présente son côté femelle, tout en restant séduisant aux yeux de ces dames à qui il propose sa moitié mâle. Pas bête...

Il arrive aussi que les deux sexes présentent à peu près les mêmes teintes, les femelles étant plus ternes, comme dans le cas du gorgebleue à miroir, un petit passereau qui vit dans une grande partie de l'hémisphère nord. Les mâles affichent une superbe bavette bleue, marquée d'une tache rousse. Sur la poitrine, deux bandes noir et brun contrastent avec le bleu de la gorge. Chez la femelle, la couleur de la gorge est très variable, souvent blanchâtre, parfois bleue elle aussi. Les mâles se montrent nettement plus intéressés par les femelles les plus colorées. Ce ne sont pas nécessairement les plus âgées mais plutôt les plus grandes, une garantie de bonne santé et de plus grande fécondité.

La plupart des espèces dans lesquelles mâles et femelles se ressemblent vivent en couples et s'occupent ensemble de leurs petits. On peut supposer que les préférences des femelles pour les mâles aux teintes vives ont génétiquement modifié l'espèce entière. Leur propre coloration, moins accentuée, ne serait alors qu'un effet secondaire de leur comportement nuptial. Autre explication, mâles et femelles se choisiraient mutuellement en fonction de leur apparence, mais les mâles seraient moins exigeants. Les deux hypothèses sont difficiles à départager.

L'inversion des rôles

Dans de nombreuses espèces, la femelle est tout aussi chatoyante que le mâle, par exemple chez les perroquets, les toucans ou les colibris. Il faut tout de même tenir compte des perceptions propres des animaux. Ainsi, les yeux des oiseaux sont sensibles à un spectre lumineux plus large que les nôtres. Les mésanges bleues mâles et femelles nous semblent identiques alors que les deux sexes diffèrent dans l'ultra-violet, couleur que ces oiseaux perçoivent. A l'inverse, chez le rouge-gorge, mâles et femelles arborent la même grande tache rouge-orangé. C'est encore un signal mais qui agit surtout dans la compétition sociale opposant entre eux les individus pour le contrôle des territoires. Dans ce cas, l'ornementation n'est pas liée à la séduction.

Si les deux sexes sont presque identiques, cela peut être le résultat d'un choix réellement réciproque. On constate d'ailleurs souvent qu'il existe alors une compétition entre les femelles qui cherchent à séduire les mâles, comme eux s'affrontent pour les femelles. C'est peut-être le cas pour la couleur rouge de la tête du ouakari, ou les moustaches du tamarin empereur, deux singes sud-américains chez qui ces ornements sont partagés par les deux sexes. Comme ces caractéristiques ne semblent pas très utiles dans leur vie quotidienne, elles sont sans doute apparues par le jeu d'un choix mutuel des mâles et des femelles. De même, lors de sa parade nuptiale, le fou à pieds bleus arbore avec ostentation ses pattes palmées bleu vif. Les femelles à pieds ternes sont moins attractives pour leur conjoint et reçoivent moins de propositions de la part des autres mâles, alors que les accouplements illégitimes sont fréquents dans cette espèce.

Lorsque c'est le mâle qui investit du temps et de l'énergie dans la reproduction, par exemple en s'occupant plus des petits, on peut s'attendre à ce que ce soit lui qui exerce un choix sur les femelles. Dans ce cas, on devrait observer une répartition inverse des couleurs, les femelles exhibant des couleurs éclatantes à la place des mâles. On en a un exemple chez les syngnathes, des poissons dont la tête ressemble un peu à celle des hippocampes, leurs cousins les plus proches, alors que leur corps est allongé comme celui d'une anguille. Ils vivent dans les herbiers des eaux littorales européennes. L'une des espèces de syngnathes, le siphonostome, présente une coloration mimétique avec des taches et des marbrures qui lui offrent un camouflage très efficace dans les herbes sous-marines. En été, période de reproduction, la femelle arbore des teintes plus intenses, avec des motifs en zig-zag beaucoup plus contrastés. Cette tenue de noces joue le double rôle d'intimider ses rivales et de séduire les mâles.

La compétition est plus intense entre femelles qu'entre mâles et ces derniers sont plus regardants sur la qualité de leur partenaire. Ils préfèrent nettement les femelles à la robe bien contrastée. Dans cette espèce, comme chez l'hippocampe, c'est le mâle qui porte les œufs. Au moment de l'accouplement, la femelle lui transmet sa ponte dans une poche incubatrice ventrale où les œufs sont fécondés au passage. Le mâle les stocke ainsi jusqu'à l'éclosion, trois ou quatre semaines plus tard. Sa taille doit donc correspondre à celle de la femelle, d'autant plus qu'il peut porter jusqu'à sept pontes différentes ! Or, une grande femelle pond beaucoup plus d'œufs qu'une petite. Les deux sexes montrent donc une préférence pour des partenaires de grande taille.

CHEZ LES HUMAINS

Les humains, comme la plupart des mammifères, ne montrent pratiquement pas de dimorphisme sexuel quant à leur coloration. Il n'empêche que les couleurs jouent un rôle très important dans la séduction, par le biais des peintures corporelles ou du maquillage. Les hommes semblent attribuer une importance au contraste de luminosité entre la peau et les organes les plus expressifs, c'est-à-dire les yeux et la bouche. Les visages les plus contrastés seraient spontanément considérés comme féminins. D'où l'importance du mascara et du rouge à lèvres. Bien entendu, nous sommes tellement habitués à ce que les femmes se maquillent et non les hommes que ce contraste pourrait être simplement culturel. Il est possible cependant que le contraste soit un élément différenciant réellement visages masculins et féminins et que le maquillage ne fasse qu'accentuer cette caractéristique préexistante.

Le rouge fait mouche

En moyenne, les femmes consacreraient une heure par jour pour soigner leur apparence, soit deux fois plus que les hommes (le phénomène a été quantifié aux Etats-Unis en tout cas). Côté vestimentaire, les hommes se sentent plus facilement attirés par une femme vêtue de rouge ou de rose, tel un flamant qui vient de dégoupiller sa glande uropygienne. Des chercheurs ont même pu observer que lorsqu'elles savent qu'elles vont rencontrer un inconnu potentiellement intéressant, spontanément les femmes s'habillent plus souvent de rouge, à la mode des fessiers de mandrills. Surtout quand la période de leur cycle les rend plus fécondables, ce qui ne plaide pas (en tout cas, pas seulement) en faveur de la mode ou d'un quelconque code culturel. Les talons sont vivement recommandés, a fortiori s'ils sont très hauts, sans doute parce qu'ils mettent en valeur à la fois les fesses et le bassin. La femme bénéficierait ainsi d'une démarche qui la ferait considérer (par les hommes, et non par d'autres femmes qui n'en ont cure) comme plus féminine, mais aussi plus jolie... et plus jeune.

D'après des études effectuées sur des populations occidentales, les femmes sont globalement plus souvent abordées par des hommes lorsqu'elles sont maquillées. Ces messieurs leur supposent une plus grande confiance en elles, sous-tendant davantage d'aisance matérielle et de revenus, ce qui ne gâte rien même si ce n'est pas un critère essentiel pour eux. Le maquillage des yeux fait mouche avant tout, le fond de teint n'est apprécié qu'ensuite, et c'est la mise en avant de la bouche, grâce au rouge à lèvres, à laquelle ils semblent le moins sensibles. Alors qu'on pourrait penser que c'est ce détail qui appelle le plus le baiser. Pourquoi le rouge attire-t-il davantage sur un vêtement que sur des lèvres ? Mystère...

Paon, dans les dents !

Il existe des communautés mondiales de séducteurs de rue (mais guère de séductrices), auto-proclamés pick-up artists (les artistes du pécho, en gros), qui échangent leurs expériences sur le Net. Certains des gourous les plus réputés en la matière sont des auteurs de best-sellers dans lesquels ils revendiquent l'application méthodique de tactiques assurant un palmarès impressionnant. En 2012, des chercheurs spécialistes de la séduction les ont passées en revue et en ont validé beaucoup. Par exemple, certaines répliques propices à aborder sans se faire rabrouer d'emblée et qui permettent de placer plus facilement son petit numéro (ou son grand jeu) ultérieur (« Excusez-moi, je discutais avec des copains à propos des femmes et j'aurais besoin de votre arbitrage... »). Mais dans d'autres domaines, les « artistes » se fourvoient, comme lorsqu'ils se méprennent sur le dilemme de la queue du paon qui avait laissé Darwin perplexe (voir p. 120). Certains croient judicieux de se parer des vêtements les plus extravagants et colorés pour attirer l'attention des passantes. Or, ce qui marche sur la paonne n'embobine point la femme, qu'on se le dise : les couleurs volontairement bigarrées attirent l'œil, certes, mais font office de repoussoir. Du tape-à-l'œil au ridicule, il n'y a parfois qu'un pas...

Le prestige de l'uniforme, à l'inverse, n'est semble-t-il pas une légende. D'après une recherche française, les femmes répondent quatre fois plus (soit plus de 80 %) au sourire ou au bonjour d'un homme dans la rue lorsqu'il porte un uniforme que lorsqu'il cherche à séduire en civil. Et trois fois plus d'inconnues (soit une femme sur cinq) acceptent de lui donner leur numéro de téléphone. Mais il y a uniforme et uniforme. Cette expérience a été réalisée avec celui d'un pompier, donc évoquant le courage et l'altruisme. Il serait amusant de la répliquer avec un costume des pompes funèbres...

8.

S'ornementer comme un paon

Mâles et femelles diffèrent parfois de façon spectaculaire par de magnifiques ornements. Comme les bois du cerf ou la roue du paon, ces accessoires jouent un rôle essentiel dans la séduction animale. Ils sont souvent l'apanage des mâles, mais au cours de l'évolution, des femelles en ont acquis elles aussi.

DANS LA NATURE

Dans leur milieu naturel, en Inde, les paons se regroupent pour parader sous le regard attentif des paonnes (c'est un lek, comme celui des grands tétras, voir pp. 27 et 133). Les mâles dressent les longues plumes colorées de leur queue et les étalent en formant leur fameuse roue, comme un éventail largement ouvert. Chaque plume porte une ocelle, un ovale rappelant un peu un œil, avec des cercles chatoyants bleus, roux, jaunes et verts entourant une « pupille » noire. Exhibant ce superbe ornement, le mâle piétine sur place et exécute de petits mouvements verticaux des ailes. Lorsque la femelle s'approche, le mâle se tourne vers elle et fait vibrer ses plumes qui émettent un bruit de crécelle. Parfois, il la poursuit. Après quoi, la femelle choisit le ou les mâles avec lesquels elle désire s'accoupler.

Ce cérémonial très précis permet à la femelle d'exercer son choix. Il semble qu'elle tienne compte de la longueur de la traîne, la queue repliée, et du nombre d'ocelles visibles sur la roue. Selon une étude récente, la paonne regarderait les pieds du paon et la base de la queue plutôt que sa roue. La queue permettrait surtout d'attirer de loin les femelles qui feraient ensuite plus attention à la danse elle-même, à la vibration de la roue et aux mouvements des ailes.

Ce qui est certain, c'est que la parade du mâle sur son lek est mise en valeur par sa queue, qui amplifie les signaux émis à l'intention des femelles. Et quels que soient les éléments qui les ont séduites, il semble bien que les petits nés de ces couples soigneusement sélectionnés grandissent et survivent mieux que les autres.

Comme l'avait déjà fait remarquer Darwin il y a plus d'un siècle et demi, la queue du paon est un véritable paradoxe. Non seulement elle le gêne pour voler, mais elle le rend aussi parfaitement visible aux yeux des prédateurs. Un tel organe aurait donc dû disparaître par le jeu de la sélection naturelle, les oiseaux ainsi affublés étant soumis à une forte mortalité, en tout cas plus élevée que pour les oiseaux dépourvus d'un ornement aussi encombrant ! Pour le naturaliste anglais, un autre phénomène entre en jeu : la sélection sexuelle. Si la survie des paons est effectivement affectée, ils ont aussi plus de descendants que les autres puisqu'ils sont choisis par les femelles en fonction du développement de leur roue. Ce choix, même contraire aux intérêts immédiats des mâles, leur permet de se reproduire.

C'est ainsi que se transmet de génération en génération cet organe gênant mais ô combien séduisant. L'essentiel n'est pas de survivre mais de se reproduire !

Extravagances

Dans certains cas, l'ensemble du système entraîne l'évolution dans une course folle dans laquelle des ornements toujours plus extravagants séduisent des femelles toujours plus exigeantes. Il y a tout de même une limite lorsque la parure devient trop lourde à porter et que la sélection naturelle reprend le dessus. L'hypothèse de Darwin a scandalisé ses contemporains qui, même lorsqu'ils reconnaissaient la pertinence de l'idée d'évolution, se refusaient à admettre que les préférences esthétiques des femelles pussent jouer un rôle essentiel dans la transformation des espèces. Mais devant l'accumulation des observations, il a bien fallu se rendre à l'évidence : la séduction est l'un des moteurs de l'évolution !

Les chercheurs ont même pu tester l'hypothèse de Darwin. L'hirondelle de cheminée mâle se distingue de la femelle aux filets qui prolongent ses plumes caudales. Chez l'oiseau en vol, ces plumes longues et minces forment une fourche bien visible. Lorsqu'il arrive sur son site de nidification, le mâle a généralement besoin de huit jours pour trouver une compagne. Si on coupe les filets de sa queue, il mettra douze à treize jours. Et si l'on prolonge les filets (par exemple en collant ceux qu'on a prélevés sur le mâle précédent), trois jours suffiront. Bien qu'il soit plutôt gêné pour voler avec ces encombrants appendices, il devient éminemment séduisant aux yeux des femelles. Comme pour le paon, c'est une preuve de son habileté puisqu'il a réussi à survivre malgré ce handicap qui l'oblige à faire des efforts supplémentaires pour capturer les insectes dont il se nourrit. Et si la femelle n'est pas satisfaite de son mâle, elle en cherche d'autres, mieux pourvus. Dans cette espèce, un tiers des petits proviennent d'accouplements extra-conjugaux. Et pour la peine, les pères ont tendance à moins nourrir les poussins illégitimes.

Dans le domaine de la fantaisie amoureuse, l'évolution a parfois suivi d'étranges chemins. Le phoque à capuchon mâle doit son nom à une poche de peau située au-dessus de la tête et qu'il peut gonfler d'air comme un gros ballon noir. Il s'en sert en plongée pour émettre des sons en cas d'agression par un prédateur et pour signaler sa présence à ses congénères. A terre, c'est aussi un moyen d'impressionner ses concurrents et d'attirer les femelles, car ce capuchon propre au mâle grandit avec l'âge. Mais ce n'est pas le seul atout de Monsieur. Pour séduire, il bouche sa narine droite et souffle de l'air sur la paroi qui sort à l'extérieur de sa narine gauche, un peu comme s'il gonflait un chewing-gum avec le nez ! Il forme alors un deuxième ballon de couleur rouge vif qui émet des cliquetis. Ces drôles de signaux sont sans équivoque pour les femelles car ils indiquent que le mâle est capable de bien contrôler sa respiration, une aptitude très utile pour la plongée.

Handicaps prometteurs

Chez certains animaux, l'ornement nous apparaît plutôt comme un armement, tels les bois du cerf ou la défense du narval. Pour des animaux confrontés à de dangereux prédateurs, il paraît tout à fait naturel de disposer d'organes protecteurs. Pourtant les femelles en sont dépourvues et cela ne paraît pas les affecter gravement. Pour échapper à leurs ennemis, les cervidés comptent finalement plus sur leur discrétion et leur rapidité, même si les mâles ont un petit avantage grâce à leurs bois. De même du côté des narvals, la corne (qui est son unique dent) n'est semble-t-il jamais utilisée contre d'éventuels prédateurs, pas plus que pour capturer des proies. Alors, pourquoi cet attirail aussi protubérant ?

Ces organes propres aux mâles ont en fait une double fonction : impressionner leurs rivaux et séduire les femelles. En période de rut, les cerfs se servent de leurs andouillers dans les combats qu'ils se livrent pour assurer leur domination sur un groupe de femelles. Même si leurs duels ont rarement une issue fatale, ces armements leur sont indispensables. Un mâle aux bois médiocres ou cassés sera rapidement éliminé. A l'inverse, comme la ramure repousse chaque année un peu plus grande, les mâles les plus âgés sont avantagés.

C'est grâce à leurs bois que les mâles sont susceptibles de se reproduire. Ceux qui portent les armements les plus impressionnants transmettent cette caractéristique à leurs descendants qui, eux-mêmes, auront un meilleur succès reproductif. La sélection sexuelle qui oppose les cerfs entre eux a pour conséquence le maintien de cet ornement dans les populations. Mais comme pour la roue du paon ou la queue des hirondelles, il représente une lourde charge. Ses bois tombant en hiver, le cerf doit les reconstituer en leur consacrant une part non négligeable de son énergie et du calcium qu'il trouve dans sa nourriture.

La croissance des bois dépend du taux de testostérone des mâles. Cette hormone joue un rôle essentiel dans la production des spermatozoïdes et dans le comportement reproducteur des cerfs. Mais elle présente aussi un inconvénient car elle réduit les défenses immunologiques. Non seulement le cerf doit allouer une bonne part de ses ressources à la production des bois, mais il est aussi contraint de redoubler d'efforts dans sa lutte contre les microbes et les parasites.

S'il survit à tous ces handicaps, et si en plus il est capable de battre ses rivaux, c'est qu'il est réellement en grande forme. Les bois du cerf constituent ainsi un signal honnête pour les biches (voir p. 110).

Bien entendu, si l'évolution pousse à la croissance continue d'un ornement, il arrive un moment où l'énergie dépensée pour sa production ou son utilisation n'est plus compensée par les avantages qu'il procure, autrement dit il devient si coûteux que la reproduction des mâles les mieux ornés est réduite. On arrive alors à un équilibre entre sélection sexuelle et sélection naturelle.

Parures mixtes

Les ornements qui jouent un rôle dans la reproduction sont presque toujours réservés aux mâles, mais dans quelques espèces, les femelles en arborent aussi. Ainsi, chez les hirondelles, certaines femelles portent également de longues queues, plus longues même que celles des jeunes mâles. Malheureusement, cela ne les rend pas plus séduisantes aux yeux du sexe opposé. Il semble que cet ornement soit seulement le résultat d'une corrélation génétique entre mâles et femelles. En effet, comme les deux sexes partagent la plus grande partie de leurs gènes, les ornements des mâles apparaissent aussi sur les femelles sans que cela n'ait d'influence sur le choix des conjoints.

Cependant, les ornements des femelles ont parfois une réelle importance. Chez la starique cristatelle, un pingouin austral, les deux sexes portent sur le front une crête de longues plumes qui pendent devant la tête. On a constaté que les mâles paradent plus volontiers devant les femelles portant les plus belles crêtes. Quant aux femelles, elles ont les mêmes goûts. Dans la nature, ce choix mutuel est rarement observé.

Tout aussi rare est le cas où la femelle seule porte l'ornement. Généralement, elle consacre toute son énergie à la production des œufs et/ou à l'élevage des petits. Elle n'a pas besoin d'en gaspiller pour des organes destinés à séduire un conjoint puisque dans de nombreuses espèces les mâles sont prêts à se battre pour approcher les femelles. Pourtant, chez les mouches-danseuses ou empididés, des petites mouches prédatrices (et précisément dans l'espèce *Rhamphomyia tarsata*), les pattes de la femelle portent des écailles allongées. Pendant le vol nuptial, elle les dispose autour de son abdomen qui semble alors beaucoup plus gros. C'est attirant pour les mâles car les femelles les plus grandes sont, a priori, les plus fécondes.

CHEZ LES HUMAINS

Notre propre espèce présente elle aussi des ornements qui diffèrent d'un sexe à l'autre et doivent donc leur présence aux choix exercés par les hommes et les femmes. Darwin l'avait déjà relevé dans son livre *La Filiation de l'Homme et la sélection liée au sexe :* « La présence du duvet ou lanugo sur le fœtus humain, et des poils rudimentaires qui, à l'âge d'adulte, sont disséminés sur le corps, nous permet de conclure que l'homme descend de quelque animal velu et qui restait tel pendant toute sa vie (...) Personne ne suppose que la nudité de la peau ait un avantage direct pour l'homme, ce n'est donc pas l'action de la sélection naturelle qui a pu lui faire perdre ses poils. (...) L'absence de poils sur le corps est, jusqu'à un certain point, un caractère sexuel secondaire ; car, dans toutes les parties du monde, les femmes sont moins velues que les hommes. Nous pouvons donc raisonnablement supposer que ce caractère est le résultat de la sélection sexuelle. »

Selon lui, l'absence de poils a pu être considérée comme un caractère inhabituel et séduisant par sa rareté même : « Il n'y a rien de surprenant à ce que la perte d'une partie des poils ait été considérée comme une beauté par les ancêtres simiens de l'homme. » Il rappelle aussi un proverbe néo-zélandais : « Il n'y a pas de femmes pour un homme velu. » Selon lui, même si la perte des poils pouvait être une gêne, elle a été favorisée par le jeu de la séduction.

Il serait cependant nécessaire d'expliquer la persistance d'une pilosité masculine plus importante. Barbes et moustaches pourraient devoir leur présence au goût des femmes (peut-être différent d'une région à l'autre puisque certains peuples sont plus imberbes que d'autres). Mais peut-être faut-il au contraire considérer l'absence de barbe chez les femmes et y voir une préférence des hommes pour les femmes dépourvues d'ornements pileux. Il est difficile de trancher, les préférences des uns et des autres n'ayant laissé aucune trace fossile.

De la même façon, comment interpréter la taille impressionnante des seins des femmes, si on les compare à ceux de toutes les autres femelles primates ? Elles sont les seules chez lesquelles ils restent volumineux en dehors des périodes de lactation. On a voulu y voir un mécanisme similaire à celui observé chez les cerfs et les biches, à savoir la croissance d'un organe sous l'effet des préférences du sexe opposé. L'attirance des hommes pour les seins des femmes a ainsi été l'objet de nombreuses hypothèses, qui généralement buttent sur un point : ce goût supposé n'est ni universel, ni éternel. Il ne paraît donc pas très utile d'en chercher l'origine chez nos lointains ancêtres.

Messieurs, dites-le avec des fleurs... ou une guitare

En cas d'absence d'ornement naturel, sachez que certains accessoires suscitent l'intérêt et peuvent favoriser le contact d'une femme avec un homme. Par exemple, une guitare. Une femme sur trois consent à laisser son numéro à un jeune homme se promenant avec une guitare, ou l'accepte comme ami sur Facebook si sa photo de profil le présente avec son instrument. Le côté artiste chez un homme bénéficie donc d'une image hautement appréciée par les femmes. Une musicienne, en revanche, n'intéresse pas spécialement les hommes. Redoutent-il d'avoir à faire à quelqu'un de trop complexe, trop sensible, ou de perdre leur domination ? Difficile à dire.

Quand on est un homme, on peut aussi compter sur les fleurs : faire du stop avec un bouquet dans les mains multiplie par huit les chances de se retrouver véhiculé par une conductrice. Alors qu'elle sait, bien sûr, que le bouquet ne lui est pas destiné. Mais un romantique ne saurait être que de bonne compagnie... Si c'est une femme qui se promène au bord de la route avec un bouquet, les autres femmes ne s'arrêtent pas spécialement. En outre, une femme se laisse plus facilement aborder s'il y a des fleurs à proximité. « Dites-le avec des fleurs » s'avère donc un excellent conseil pour les hommes !

LE MEILLEUR AMI DE L'HOMME

La compagnie d'un canidé est un bon moyen de se faire remarquer par l'autre sexe et d'augmenter ses chances d'obtenir un numéro de téléphone : à peu près trois fois plus de femmes laissent leurs coordonnées à un homme qui les aborde alors qu'il promène son chien. Une recherche israélienne a même montré que sur photographie un même homme est jugé plus attirant et plus indiqué pour une relation à long terme lorsqu'il pose avec un chien plutôt que tout seul…

De l'art d'instrumentaliser ses amis

A défaut de guitare ou de fleurs, un séducteur marque des points s'il se promène non pas avec un objet mais avec un chien. Si la perspective de considérer votre animal de compagnie comme accessoire vous heurte, que dire de l'utilisation d'humains ? Qui plus est, d'amis ! Car le nec plus ultra pour un homme, c'est encore d'apparaître comme le leader d'un groupe de copains. Celui qui domine, qui décide, vers lequel les regards se tournent, qui donne le ton. Voilà qui, d'après quelques études, attirerait davantage l'intérêt des femmes que paraître un suiveur effacé. Pour provoquer un autre effet de contraste, il peut être avantageux de s'afficher avec un(e) ami(e) du même sexe moins gâté(e) par la nature. En d'autres termes, un faire-valoir. Enfin, on peut considérer son propre conjoint actuel comme accessoire (ou donner les apparences que cette personne est votre conjoint).

Surtout s'il est mieux que vous ! Cela peut susciter l'envie de vous « piquer » à votre partenaire. La jalousie naît et s'attise bien facilement... Une enquête américaine a ainsi montré que 60 % des hommes et 50 % des femmes auraient déjà tenté de séduire une personne notoirement en couple, avec succès dans presque la moitié des cas. Pour une fois, les deux sexes sont sur la même longueur d'ondes. Détail intéressant, les tentatives de ravir le ou la partenaire de quelqu'un d'autre sont plus fréquentes dans l'espoir d'une liaison à long terme que pour un rapport sexuel en catimini : l'objectif serait donc bien de briser le couple pour en constituer un autre. Doit-on en conclure que pour augmenter ses chances de séduction, mieux vaut montrer qu'on n'est pas libre ?

9.

Danser comme un albatros

Plus encore peut-être que le chant d'amour des crapauds ou les phéromones tentatrices des papillons, la parade nuptiale des oiseaux est sans doute le symbole même de la séduction animale. A chaque espèce sa chorégraphie rituelle, unique et complexe, à deux ou en solo, mêlant parfois chant, danse et exhibition de couleurs. Une démonstration d'autant plus saisissante aux yeux des humains qu'elle témoigne d'une totale maîtrise dans l'art de séduire.

DANS LA NATURE

Les albatros passent la plus grande partie de l'année en haute mer. Au printemps, les mâles reviennent sur l'île où ils sont nés et se tiennent sur une aire de parade ou sur leur nid bâti à proximité. Les femelles arrivent un peu plus tard et font plusieurs passages à basse altitude avant de se poser. Les oiseaux peuvent alors se lancer dans le cérémonial complexe de leur parade nuptiale. Les jeunes s'entraînent longuement et avec différents partenaires mais il leur faudra plusieurs années pour réussir à exécuter correctement la parade et à harmoniser leurs mouvements. C'est seulement alors qu'ils parviendront à former leurs couples et pourront commencer à se reproduire, généralement vers l'âge de 8 ou 10 ans, parfois plus tard. Ensuite, ils se retrouveront tous les deux ans pour élever un poussin, une tâche qui leur demandera entre six mois et une petite année, selon les espèces. Presque toujours, le couple restera uni jusqu'à la mort de l'un des deux conjoints.

La danse nuptiale des albatros, dont les détails diffèrent d'une espèce à l'autre, est l'une des plus élaborées du monde animal. Elle consiste en une succession de mouvements stéréotypés tels que « rapides claquements du bec », « tête sous l'aile » ou « bec tendu vers le ciel ». Ces postures et mouvements sont groupés en suites bien définies, séparées par des séquences au cours desquelles les deux oiseaux se synchronisent. Chez l'albatros hurleur, on ne compte pas moins de 26 postures différentes, dont 19 sont des mouvements qui ressemblent à des activités quotidiennes mais ritualisées telles que le lissage des plumes.

La parade commence souvent par un mouvement de la tête dressée vers le ciel. Le partenaire répond de la même façon. Fréquemment, la danse s'arrête là et les deux oiseaux se séparent. Parfois, elle se poursuit avec des mouvements bien précis, repris en miroir par l'autre danseur. Cette synchronisation leur permet d'accepter de se rapprocher, jusqu'à se toucher du bec ou se laisser saisir par celui du partenaire. Les gestes sont accompagnés de nombreuses vocalisations qui s'étendent du gazouillis au mugissement. L'ensemble peut durer jusqu'à quinze minutes.

La parade du grand tétras

A l'inverse de l'albatros, chez le grand tétras seul le mâle parade. Il ne l'exécute d'ailleurs pas en solitaire, mais entouré de plusieurs autres mâles et sous les yeux des femelles. La parade nuptiale du grand tétras, ou coq de bruyère, se déroule chaque année à un endroit particulier, le lek (ou aire de parade, voir p. 27), situé en forêt. Là, les coqs déploient leur queue en éventail, dressent la tête, cou tendu et « barbe » de plumes hérissée. Ils marchent lentement sur le lek, leurs ailes pointées vers le sol, et émettent un « chant » fait de claquements s'accélérant rapidement, comme un bruit de balle de ping-pong rebondissant sur une table, et s'achevant en un « cloc » de bouteille qu'on débouche. L'ensemble est parfois suivi de soufflements gutturaux. Pendant ce temps, les femelles se déplacent parmi les coqs, prenant leur temps pour choisir le ou les mâles avec lesquels elles s'accouplent sur place.

Les seuls admis à se reproduire sont les mâles dominants, qui sont les plus âgés. Ils se distinguent aussi par la possession d'un territoire. Celui-ci n'est pas nécessairement très vaste mais il doit être proche du lek. Ces coqs sont faciles à reconnaître car ils paradent

LES BÉNÉFICES DU LEK

Le regroupement de tous les adultes au même endroit et à la même période présente d'indéniables avantages : les participants n'ont pas besoin de se déplacer sur de vastes surfaces pour évaluer les qualités des partenaires potentiels, les femelles ne sont plus harcelées individuellement par les mâles et, surtout, la présence d'un grand nombre d'individus dilue le risque de prédation.

au centre de l'arène. Certains mâles profitent de l'attraction suscitée par les meilleurs pour s'accoupler eux aussi. Chez le tétras-lyre, une espèce voisine, les femelles préfèrent les grands leks sur lesquels de nombreux mâles s'exposent et entrent en compétition. Même si les jeunes mâles s'accouplent rarement, leur présence sur le lek augmente les chances des plus âgés de se reproduire.

Des biologistes ont comparé cette activité collective qui précède l'accouplement à une négociation commerciale : les femelles parcourant un lek où les mâles paradent seraient semblables à des touristes se promenant dans un bazar, entourés de marchands déployant leur plus belles marchandises et ajustant leurs prix en fonction de leurs rivaux ! Sauf qu'ici, les mâles ne leur offrent rien, ni nourriture, ni territoire (du moins pas directement), ils ne s'occupent pas des petits non plus. En général, le choix de la femelle se porte sur le rythme de la parade, sa durée et sa répétition, qui sont des signaux de la bonne santé du mâle, car il dépense beaucoup d'énergie dans ces démonstrations.

Danse ou parade ?

Entre danse et parade, il n'est pas toujours facile de nommer les comportements de séduction. Pour un tétras qui se pavane devant un groupe de femelles ou pour le labbe qui se lance dans d'éblouissantes acrobaties aériennes, on parlera plus volontiers de parade nuptiale. Mais lorsque les deux partenaires semblent se répondre et effectuent des séries complexes de mouvements ritualisés, on évoquera plutôt une danse, qui s'apparente d'ailleurs plus au tango qu'à la valse ou au rock.

La parade nuptiale a longtemps été considérée comme un comportement permettant aux deux partenaires d'apprendre à se connaître, de synchroniser leurs rythmes biologiques et de créer ainsi les liens qui fonderont leur couple. Dans certains cas, comme chez les manchots, elle permet effectivement aux deux futurs parents d'enregistrer les détails précis de leurs vocalisations, ce qui les aidera par la suite à se retrouver au milieu de la foule compacte de leurs congénères.

Mais la parade est aussi l'un des moments où les deux futurs conjoints tentent de « maximiser leur succès reproducteur », un objectif peu sexy car la coopération nécessaire se double d'une forme de compétition. Cela doit surtout permettre à chacun d'identifier le partenaire comme appartenant à la même espèce, d'en évaluer les qualités et de réduire l'agressivité entre les deux conjoints de manière à rendre possible l'accouplement.

La coordination du couple est d'autant plus saisissante quand mâles et femelles se ressemblent comme deux gouttes d'eau, comme c'est le cas chez les albatros, les flamants ou les grèbes. Chez tous ces oiseaux, les deux conjoints coopèrent pour élever les jeunes jusqu'à leur envol. Leur danse de séduction est réellement un duo dans lequel ils se choisissent mutuellement et pas seulement une parade après laquelle la femelle affirme seule ses préférences.

La plupart des mouvements des oiseaux sont des détournements de gestes effectués dans d'autres activités, telles que le nourrissage des petits ou la construction du nid. Ainsi, chez le grèbe huppé, la danse s'achève par un cadeau que chaque oiseau présente à son conjoint : une herbe aquatique qui pourrait être destinée à la construction du nid. Chez le jardinier satiné d'Australie, certaines attitudes du mâle en parade nuptiale ressemblent aux menaces qu'il produit dans les confrontations avec ses rivaux. Alors que la femelle est particulièrement sensible à l'intensité de sa parade, le mâle doit tout de même faire attention à ne pas l'effrayer. Il ajuste ses attitudes en fonction des réactions de la belle qu'il cherche à séduire.

Certains oiseaux associent parade et chant, en coordonnant les deux types de signaux qu'ils émettent à l'intention de leurs partenaires. Le ménure superbe est l'un des oiseaux-lyres australiens réputés pour leur queue somptueuse. Les mâles sont capables d'imiter les cris d'une vingtaine d'autres animaux qui vivent dans le même milieu (et aussi des sons d'origine humaine, comme le vrombissement d'une tronçonneuse). Ils peuvent produire 90 vocalisations distinctes, dont les chants propres à leur espèce, bien entendu. En période de reproduction, les mâles exécutent des parades au cours desquelles ils déploient leur queue comme un rideau au-dessus de leur tête, battent des ailes et sautent sur place, tout en produisant un échantillon de leur répertoire vocal. Chaque mâle choisit quatre éléments sonores distincts qu'il associe à des combinaisons précises de mouvements de ses pattes, de ses ailes ou de sa queue. La succession de ces séquence est elle-même très contrôlée. Aucun détail n'échappe aux femelles qui jugent de la bonne exécution de cette chorégraphie.

La parade du pigeon est bien plus simple. Les plumes du cou gonflées, le mâle se contente de tourner sur lui-même et autour de la femelle en émettant un roucoulement particulier. Il s'agit pour lui de se présenter et de démontrer ses qualités. Même sommaire, sa démonstration lui impose en effet une certaine dépense d'énergie, signal attendu par sa partenaire. Le plumage des pigeons est parfois infesté par des poux qui grignotent la base des plumes. Ils se refroidissent alors plus vite et doivent réduire leurs efforts. Si la prestation d'un prétendant est trop courte, cela prouve un comportement déficient ou un défaut d'immunité. Dans ce cas, la femelle n'accepte pas l'accouplement. En repoussant ce mâle, non seulement elle évite de donner naissance à des pigeonneaux de mauvaise qualité, mais elle se préserve aussi elle-même d'être contaminée par les poux.

Cérémonies sportives

La parade nuptiale est parfois beaucoup plus intense. Elle peut prendre la forme d'une démonstration sportive au cours de laquelle le mâle met en valeur son habileté et sa vigueur, qualités importantes car elles seront transmises à ses descendants. Dans certaines espèces, la femelle participe aussi à la parade. Chez le martin-pêcheur, les deux partenaires se lancent dans d'étonnantes acrobaties aériennes au-dessus de la rivière, se poursuivant comme s'ils cherchaient à se prouver mutuellement leur habileté et leur endurance. Il arrive que cette démonstration de vol dure plusieurs heures, jusqu'à ce que le mâle présente un terrier à la femelle ou que les deux se mettent à en creuser un ensemble dans la berge de la rivière. Autre parade conjointe, celle des grèbes élégants nord-américains qui courent sur l'eau côte à côte, le corps à la verticale. Cette course folle dure près de sept secondes, à raison d'une vingtaine de battements de leurs pieds palmés par seconde.

Mais la parade sportive est parfois réservée au mâle. Le manakin à cuisses jaunes (et à tête rouge), un petit oiseau sud-américain, pratique une danse si rapide qu'il a fallu la filmer à grande vitesse pour pouvoir l'observer. Il fait vibrer ses ailes l'une contre l'autre, ce qui produit des « clicks » et des grincements, puis se lance dans des acrobaties aériennes. Lorsqu'il se pose, parfois rejoint par une femelle, il poursuit sa démonstration par des séries de sautillements latéraux ou en marche arrière, qui évoquent le célèbre moonwalk de Michael Jackson !

De même, seul le mâle se charge de la parade chez la lycose tambourineuse, une petite araignée européenne des bois humides. Il frappe son abdomen contre les feuilles sèches tombées à terre, produisant une sorte de roulement de tambour. Cette performance demande une dépense d'énergie quatre fois supérieure à celle d'un bûcheron (toutes proportions gardées). Les mâles les plus actifs se montrent aussi les plus habiles à échapper aux prédateurs et ont un meilleur taux de survie que les autres. Le tambourinage est donc un signal honnête (voir p. 110) qui démontre réellement sa valeur auprès de la femelle.

On trouve le même type d'exhibition chez les crabes violonistes (du genre *Uca*) qui vivent sur les plages des régions tropicales. Ils creusent des terriers individuels dont ils sortent à marée basse pour se nourrir et parfois aussi pour tenter de trouver un conjoint. Alors

A CHACUNE SON UCA

Il existe une centaine d'espèces de crabes violonistes qui n'ont pas toutes le même comportement, ni les mêmes critères de choix. Ainsi, Madame *Uca annulipes* se base d'abord sur la taille de la pince du mâle avant d'effectuer un deuxième tri impliquant le diamètre du terrier. Chez *Uca dactylopes*, la femelle tient compte de l'ornementation de l'ouverture du terrier. Dans l'espèce *Uca perplexa*, la parade de Monsieur comprend deux mouvements distincts, qui diffèrent par la hauteur à laquelle il dresse sa pince. Les femelles ne s'intéressent ni à la taille du mâle ni au rythme général de sa parade. Elles prêtent au contraire une grande attention à des détails bien précis, préférant les mâles dont les deux mouvements sont séparés par le plus court délai et ceux qui dressent leur pince avec lenteur.

que la femelle possède deux pinces à peu près identiques, le mâle est totalement dissymétrique avec une petite pince qu'il utilise pour se nourrir et une très grande qui représente la moitié de son poids total. Il la déploie devant lui afin d'effrayer ses concurrents ou pour séduire une femelle. Cette différence de forme entre les deux sexes (ou dimorphisme sexuel) est le signe que l'organe joue un rôle important dans la reproduction. Le mâle effectue une parade très démonstrative dans laquelle il agite sa grande pince en la dressant et l'abaissant rapidement plusieurs fois de suite. La femelle choisit de passer son chemin ou, au contraire, de répondre aux avances du mâle et de le suivre dans le terrier qu'il a creusé

Parader pour s'identifier

Si la parade permet au mâle de se mettre en valeur, c'est aussi pour lui un moyen de se faire reconnaître aux yeux de celle qu'il convoite. En effet, chez les araignées, le mâle doit souvent prendre garde à ne pas se faire dévorer par la femelle et donc veiller à ce qu'elle ne le prenne pas pour un mâle d'une autre espèce. Sa parade va lui permettre de réduire le danger et d'amadouer sa dulcinée qui le laisse peu à peu approcher et accepte l'accouplement (au cours duquel elle le dévorera peut-être, mais il ne s'agit plus de séduction !).

La minuscule araignée-paon australienne *Maratus volans* pratique l'une des parades nuptiales les plus élaborées qu'on ait pu observer chez des arthropodes. Le mâle commence par déployer les extensions de son abdomen, un peu comme un paon qui fait la roue. Il exhibe alors des motifs rouges et bleus, soulignés de poils orange. Il balance son abdomen de haut en bas comme une raquette, mais aussi de droite à gauche, plutôt comme un métronome. Cette « danse de l'éventail » s'accompagne de mouvements de sa troisième paire de pattes dont les anneaux noirs et blancs bien marqués soulignent la position. Des tremblotements des pédipalpes et des vibrations de l'abdomen complètent généralement sa démonstration qui peut durer de cinq minutes à une heure. Tout au long, il surveille attentivement les mouvements de la femelle, car si elle n'est pas intéressée, elle est susceptible de le tuer. Mais si sa performance est jugée satisfaisante, c'est-à-dire exactement conforme à la séquence prévue, il sera autorisé à s'en approcher et à s'accoupler.

Chez les scorpions, la reproduction est également une affaire dangereuse, notamment chez le scorpion languedocien, commun autour de la Méditerranée. Attiré par les phéromones émises par la femelle (voir p. 69), le mâle commence à s'en approcher. Il la saisit de ses pinces et les deux partenaires exécutent la figure de « l'arbre droit », les deux abdomens dressés à la verticale. Front contre front, le mâle pétrit les chélicères (les « mâchoires ») de la femelle avec les siennes, en une sorte de baiser scorpionique. Puis il la saisit par les pinces et l'entraîne dans une « promenade à deux » dans laquelle les deux scorpions se font face, le mâle marchant à reculons. A nos yeux, cette valse romantique pourrait figurer un prélude à l'accouplement. En réalité, les deux scorpions ne vont pas s'accoupler du tout : ce qui nous semble être une danse de séduction est en réalité un acte sexuel très particulier, une fécondation interne sans accouplement. Au cours de cette promenade nuptiale, le mâle dépose sur le sol un spermatophore, une boule contenant ses spermatozoïdes plantée au sommet d'une courte tige verticale. Il attire ensuite la femelle jusqu'à ce que son orifice génital se situe précisément au-dessus du spermatophore. Elle est alors fécondée. Puis, si le mâle ne s'enfuit pas assez vite, elle le dévore.

Travail d'équipe et synchronisation

Sur leur lek, les tétras mâles se pavanent sans chercher à se synchroniser les uns avec les autres. Mais certains oiseaux pratiquent des parades collectives. Le manakin fastueux est un petit oiseau des forêts du Costa Rica. Le plumage du mâle est noir, avec un dos bleu clair et une calotte rouge vif. Sa queue s'orne de deux plumes longues et fines. Le lek se réduit à une petite branche horizontale. Sur la piste ne paradent que deux mâles, dits alpha et bêta, qui dansent et chantent à l'unisson. Plus le duo est synchronisé, plus il attire les femelles. Les autres mâles présents, jusqu'à une quinzaine, ne sont que spectateurs.

Lorsqu'une femelle se pose à proximité, les deux mâles se livrent à une danse acrobatique, comme une sorte de saute-mouton sur place. Ensuite, seul le mâle alpha peut s'accoupler. Il arrive que le mâle bêta garde ce statut de partenaire pendant dix longues années. Mais il ne perd pas son temps pour autant. Il a, en effet, commencé par passer sept ans parmi les jeunes mâles qui font tapisserie sur le lek, observant la danse du mâle alpha. Devenu bêta, il peut mettre en pratique ce qu'il a appris. Au cours du temps, il améliore peu à peu sa performance et s'accorde de plus en plus au chant du mâle alpha, plus expérimenté et plus habile. Trois ans après, il atteint enfin le niveau du mâle alpha et peut alors le remplacer. Cet accomplissement aurait été impossible s'il n'avait servi de faire-valoir pendant toutes ces années d'apprentissage !

Les flamants roses pratiquent également une cérémonie collective au cours de laquelle se forment les couples. Jusqu'à plusieurs milliers d'individus sont réunis et paradent de façon synchrone plusieurs heures par jour. Ces grands oiseaux disposent de huit comportements ritualisés qu'ils peuvent enchaîner de dix-sept façons différentes. Ainsi, ils allongent le cou puis tournent la tête

UN BON DANSEUR SINON RIEN

Chez les flamants, pour trouver un conjoint, mieux vaut bien danser, car tous ne finissent pas en couple. Effectuer une parade complexe en augmente beaucoup les probabilités et un bon danseur trouve souvent une partenaire de même niveau que lui. Mais chaque année, tout est à recommencer car les couples ne durent qu'une saison…

alternativement à droite et à gauche tout en poussant des grognements, étendent leurs ailes en exposant la teinte noire de la base des plumes, font semblant de gratter la vase pour trouver à manger et simulent les mouvements de toilettage des plumes avec leur bec. Pendant cette danse de séduction, tous ces gestes ont perdu leur utilité d'origine mais permettent aux oiseaux d'évacuer leur crainte et leur agressivité. La complexité de la danse de chaque individu s'accroît chaque année jusque vers l'âge de 20 ans, pour diminuer ensuite.

CHEZ LES HUMAINS

Parmi les rituels caractérisant la parade amoureuse entre humains, la danse, bien qu'elle ne soit ni nécessaire, ni suffisante, n'est pas anodine. C'est une occasion non seulement de montrer combien on est à l'aise avec son corps et intéressé par celui de l'autre, mais aussi de le vaporiser (inconsciemment) ce phéromones (voir p. 69). Mais faut-il être impérativement un excellent danseur, comme chez les flamants ? Jane Birkin raconte volontiers qu'elle a craqué pour Serge Gainsbourg lorsque, durant leur première danse, il lui a marché sur les pieds. Ouf, ça laisse de l'espoir à certains...

Nous avons vu combien la symétrie du visage paraît importante pour qu'il soit jugé attrayant. Mais qu'en est-il du corps en général ? Comme il est difficile d'évaluer directement la symétrie globale d'un individu, certains ont pensé qu'il devait suffire de l'observer quelques instants sur une piste de danse pour se faire une idée de ses talents et donc, indirectement, de sa symétrie. On a alors cherché à expliquer l'importance de la danse dans la séduction comme un révélateur de la symétrie de l'individu. Malheureusement, certains de ces travaux étaient entachés d'erreurs (voire de fraudes) et ont été vivement controversés.

Mieux encore, ce sont les mouvements asymétriques qui semblent souvent « taper dans l'œil » Car pour être considéré comme un bon danseur, ce qu'il faut surtout, d'après une très sérieuse étude américaine de 2010, c'est mettre le paquet sur des mouvements précis. Pour être certains que la beauté des danseurs n'entrerait pas en ligne de compte, les chercheurs ont présenté des silhouettes en images de synthèse reproduisant parfaitement des humains en train de danser. Qu'en ont pensé les spectateurs ? Quels mouvements leur semblaient caractériser un bon danseur ? Que ce soit pour les hommes ou pour les femmes, le respect du rythme semblait un critère primordial : si vous dansez avec une savante chorégraphie mais à contretemps, mieux vaut rester assis. Pour intéresser les femmes, les hommes auraient par ailleurs tout intérêt à rouler des pectoraux et à pencher la tête en tous sens. Un peu comme dans la parade du pigeon ! Rien d'étonnant vu le nombre d'études décrivant les séducteurs comme faisant volontiers étalage de leurs muscles, de leurs prouesses sportives et de leur confiance en soi. Les meilleures danseuses, aux yeux des hommes, bougeraient leurs hanches et leurs bras en privilégiant des mouvements asymétriques. Certaines données laissent tout de même songeur : les femmes seraient particulièrement sensibles aux danseurs pratiquant la torsion de leur poignet gauche et de leur genou droit. Allez donc savoir pourquoi…

Sur la même longueur d'ondes

Quoi qu'il en soit, si la danse présente des avantages, c'est qu'elle constitue un contexte privilégié pour accélérer la synchronisation entre individus. Or, même en dehors des pistes de danse, ne serait-ce que dans une conversation, deux personnes qui s'entendent bien (ou cherchent à le faire) ont justement tendance à synchroniser leurs gestes en une forme de chorégraphie spontanée. Même leur prosodie (le débit de la voix et les émotions exprimées vocalement) s'harmonise peu à peu. La tendance ne fera que se renforcer spontanément au fil de la relation.

En règle générale, en matière de séduction, le langage non verbal s'avère au moins aussi important que la conversation elle-même, traitée au prochain chapitre. D'après des observations des années 1980 portant sur des femmes fréquentant les bars, la plupart d'entre elles font part aux hommes de leur disponibilité en leur souriant. C'est la stratégie privilégiée. Ensuite viennent le regard direct et les trémoussements pour danser, mais toute seule, à la fois en guise de démonstration et d'invitation. Elles jouent aussi avec leurs cheveux et leur port de tête, bien que ce soit moins fréquent. Et les hommes ? Ils aiment se mouvoir avec aisance en occupant l'espace, le regard assuré. Incidemment, ils touchent différentes parties de leur corps. La simple présence d'une femme suffit souvent à déclencher de tels comportements, toute volonté consciente de séduction mise à part. En substance les femmes se laissent admirer et les hommes roulent des mécaniques ! Ce sont des clichés, certes, mais c'est bel et bien ce qu'on observe.

Un léger contact, enfin, même fugitif, augmente les chances de susciter l'intérêt en suggérant la confiance en soi. Mais attention : le bras, l'épaule, à la rigueur un effleurement de la main. La joue ? Prudence, car un geste trop intrusif peut être mal perçu.

Au diapason avant la petite musique de nuit

Attardons-nous sur deux des éléments les plus importants du langage corporel dans l'optique de la séduction à court terme : les sourires et les regards.

Les sourires, tout d'abord, obéissent à une mécanique insoupçonnée. En règle générale, les hommes sourient moins que les femmes. C'est même une condition sine qua non pour qu'ils soient perçus comme virils. Néanmoins, si l'un d'eux sourit à une femme avant de lui adresser la parole, c'est signe qu'il est très intéressé... Pour les femmes, c'est l'inverse : non seulement elles sourient davantage que les hommes mais, pour être jugées vraiment féminines, elles doivent avoir le sourire facile. Des études montrent qu'un homme à l'expression neutre est jugé sérieux, tandis qu'une femme inexpressive passe pour triste.

Le regard s'avère lui aussi très incitatif, d'autant plus s'il est réciproque, ce qui augmente les chances d'une conversation, et qui plus est durable. Surtout, et cela a été vérifié, si la pupille de la femme est dilatée. Certaines spéculations en font un ancien marqueur du moment idéal de la fécondation, mais cela par contre n'a pas été vérifié. La dilatation de la pupille masculine produit également son petit effet chez les femmes : un homme à la pupille dilatée serait jugé plus attirant, mais un peu voyou...

Petites chorégraphies du quotidien

Plus nous gagnons en maturité, et donc en assurance, plus nous acquérons de talent pour maintenir et synchroniser nos sourires et nos regards dans un contexte de séduction. En comparaison, les comportements de séduction chez les adolescents paraissent en rester au stade de brouillon mal dégrossi. Dans un groupe d'ados par exemple, les jeunes filles, avant de trouver leur propre style en quelque sorte, calquent volontiers leur comportement sur une amie plus sûre d'elle-même, faisant office de dominante de la bande.

Signalons pour finir que dans des petits détails, des rituels, on peut observer certaines chorégraphies jusque chez les couples déjà formés. Par exemple, quand deux amoureux se tiennent la main, neuf fois sur dix c'est l'homme qui enserre celle de la femme (avec sa main droite de préférence). Mais s'il est de même taille ou plus petit que sa compagne, il aura tendance à moins lui donner la main. Et quand la femme prend l'initiative du geste, souvent elle ne prend pas la main de l'homme mais la glisse dans la sienne, nuance !

10.

Converser comme un manchot

Bien entendu, les animaux ne discutent pas entre eux comme nous le faisons. Et le contenu précis des informations qu'ils échangent est sans doute moins important que dans notre propre espèce. Mais il ne faudrait pas limiter la séduction à l'instant de la première rencontre. Elle intervient aussi au sein du couple et peut en renforcer les liens, chez les oiseaux comme chez les humains.

DANS LA NATURE

Dans certaines espèces, le mâle et la femelle se lancent parfois dans des échanges sonores dont les éléments se succèdent dans un ordre précis, chaque phrase amenant une réponse type, nécessaire pour la poursuite de la conversation. De tels duos ont été observés chez les oiseaux, les grenouilles et les insectes, mais aussi chez quelques mammifères, notamment les primates et les cétacés.

Duos amoureux

Chez les insectes, c'est en général le mâle qui commence, suivi de près par la femelle. Il y a peu de latence entre les deux et cet intervalle est même un facteur clé d'identification de l'espèce.

Les duos des oiseaux concernent en général des couples déjà formés. Mâles et femelles peuvent initier le concert qui accompagne parfois la parade nuptiale, comme on l'a vu chez l'albatros (voir p. 132). Ces chants sont différents de ceux d'individus isolés. De plus chaque oiseau ajuste ses vocalisations à celles de son partenaire, en tenant compte du rythme et du type de son émis. Il témoigne ainsi de son attention envers son conjoint, aux oreilles de celui-ci et à celles des autres oiseaux. Finalement, le duo renforce sans doute les liens au sein du couple, mais il peut avoir des fonctions supplémentaires, comme assurer une protection plus efficace de leur territoire et peut-être également réduire le risque d'infidélité de la part de l'un des deux époux.

Chez certains oiseaux coloniaux, comme le manchot royal ou l'hirondelle de rivage, les conjoints s'accordent l'un à l'autre et apprennent à reconnaître leurs chants, ce qui sera par la suite essentiel pour se retrouver au sein de l'immense foule de leurs congénères. Le duo est alors un outil indispensable, car la survie de leurs petits dépend directement de leur capacité à se repérer rapidement, lorsque l'un des deux revient de la pêche avec de la nourriture.

Quelques primates se distinguent de la même façon. Les gibbons sont des singes des forêts tropicales humides du sud-est asiatique. Sur leur territoire, ils vivent en couple au sein de groupes plus vastes. Mâles et femelles se ressemblent beaucoup et ont un comportement propre à leur famille mais qui est inconnu des autres singes. Plusieurs fois par jour, les couples se lancent dans des duos vocaux

L'EFFET COCKTAIL

Généralement, les sons des insectes, des amphibiens et des oiseaux ne se recouvrent pas, ni par leur fréquence, ni par leur rythme. Mais les animaux sont tout de même confrontés au problème dit de la « cocktail party » : comment faire entendre sa voix dans le brouhaha d'une soirée bruyante ? Le phénomène est bien connu en psychoacoustique humaine, mais il existe aussi pour les animaux qui doivent se distinguer au milieu des appels de leurs congénères. Les études chez l'humain ont aidé à comprendre comment les animaux se débrouillent pour se faire entendre.

spectaculaires qui durent 10 à 30 minutes. Mâles et femelles n'ont pas exactement le même répertoire et se coordonnent parfaitement. Cet accord leur demande une période d'apprentissage. Si le couple n'est pas bien réglé, cela s'entend et peut attirer des rivaux de l'un ou l'autre sexe. On retrouve la double fonction d'avertissement territorial et de cohésion au sein du couple.

Contrairement aux hommes chez qui les bavardages jouent un rôle essentiel dans le maintien et le renforcement des relations sociales, la plupart des singes ne bavardent pas du tout. Ce qui en tient lieu, ce sont les séances de toilettage, un comportement qui n'a rien de sexuel. Alors qu'ils étaient encore très semblables à des singes, nos ancêtres pratiquaient sans doute ces séances de nettoyage mutuel de leur fourrure. On peut cependant penser qu'ils avaient aussi un goût marqué pour les vocalisations, une activité qui aurait joué un rôle important dans l'évolution du langage et l'apparition d'une communication plus complexe.

CHEZ LES HUMAINS

C'est bien joli d'être beau (voir p. 93), mais il est préférable que le ramage se rapporte au plumage. Comme au théâtre, il s'agit tout d'abord de ne pas rater son entrée en matière. Très utilisée dans le marketing, la technique du « pied-dans-la-porte » a aussi fait ses preuves dans un contexte de séduction : elle consiste à obtenir un petit rien qui ne se refuse pas afin d'avoir davantage ensuite, et plus facilement. Cinq fois plus de femmes acceptent ainsi de donner leur numéro de téléphone si l'homme a pris la peine, auparavant, de leur demander du feu ou un renseignement. Il est excellent également de placer son interlocuteur dans un état d'esprit favorable en lui faisant dire plusieurs fois oui, que ce soit pour lui demander s'il va bien ou lui faire concéder que, en effet, le fond de l'air est frais. Veillez par ailleurs à instaurer un sentiment de proximité avec votre proie : un sourire est un passe-partout, de même que l'effleurement fugitif du bras, mais attention, point trop n'en faut (voir p. 145). Enfin, mieux vaut éviter d'apparaître comme un individu désireux d'exercer la moindre pression, même bienveillante. Une technique remarquablement efficace consiste donc paradoxalement à souligner le libre arbitre total de la victime : « Bien sûr, c'est comme vous voulez. Vous ne venez à ce rendez-vous que si ça vous chante. »

Aucune de ces techniques n'est infaillible, mais leur mise en œuvre et, surtout, leur combinaison augmente vos chances d'arriver à vos fins. Inutile donc d'imaginer des protocoles ou des algorithmes de séduction qui porteraient leurs fruits à coup sûr. Il n'est d'ailleurs pas forcément besoin de recourir à de tels modes d'emploi. Nous employons tous volontiers au quotidien, sans nous en douter, et pas forcément dans un contexte de séduction amoureuse d'ailleurs, d'autres techniques relevant de la manipulation ordinaire qui font tout à fait partie du paysage culturel. Par exemple, le bon vieux compliment, sincère ou éhonté, ne peut pas nuire. C'est scientifiquement démontré : si un homme demande son numéro à une inconnue, il aura plus de chances d'aboutir à ses fins s'il a glissé auparavant un petit compliment (« J'aime beaucoup votre voix », « Vous m'avez beaucoup aidé, merci, vous êtes très serviable », etc.). Et bien sûr, il est indispensable pour un homme de protester de ses bonnes intentions, de son sérieux et de sa fidélité. Même méfiantes, les femmes y sont sensibles. Sexiste ? Absolument. Mais confirmé. En revanche, un compliment d'une femme à un homme est superflu, ces messieurs demeurant prompts à sauter sur toutes les occasions qui se présentent (voir p. 90). Pour attirer l'attention d'un homme et obtenir ses bonnes grâces, certaines femmes se font volontiers passer pour des nunuches et/ou de pauvres créatures désemparées en attente d'un protecteur, voire d'un sauveur. A manipulateur, manipulatrice et demi...

L'humour, l'arme atomique

Il est donc ardu, dans une scène ordinaire de séduction, de savoir ce qui relève de l'intérêt partagé ou de la technique d'embobinage. L'un n'empêche pas l'autre. Prenons l'humour. On ne soulignera jamais assez, dans la recette de la séduction, l'importance de cet ingrédient majeur. Nous avons évoqué précédemment l'effet de halo (voir p. 91), qui fait qu'une personne jugée belle se voit nantie de multiples qualités, dont l'intelligence. L'humour permet le processus inverse : une personne drôle, donc capable de recul sur les événements, est jugée plus intelligente, mais aussi (curieusement) plus belle, ce qui relève d'un effet de halo inversé. Ajoutez à cela les capacités relaxantes de l'humour et vous tenez là une carte maîtresse.

Toutefois, deux écueils sont à éviter. D'abord, trop d'humour tue l'amour : c'est triste pour lui mais un clown est destiné à rester un bon copain, il ne fait pas rêver. Ensuite, autant éviter le registre graveleux qui a plutôt tendance à susciter la méfiance. Beaucoup de femmes, mais d'hommes aussi, se montrent rebutés par des propos sexuels trop explicites. Ces règles sont surtout valables lorsqu'un homme fait rire une femme. En situation inverse, il semble bien que ces messieurs se méfient des femmes trop drôles, c'est-à-dire peut-être trop intelligentes et trop difficiles à épater ou à dominer. L'homme ne demande pas à la femme d'être plus drôle que lui, ni même autant : il exige surtout qu'elle rie de ses blagues à lui, qu'elle soit bon public, captivée, et que ses défenses s'abaissent en conséquence. Autre détail : qu'elle rie, mais pas de lui, à moins qu'elle n'ait été sensible à une marque d'autodérision.

MESSAGE CODÉ

Des analyses très poussées montrent que lors des rapports de séduction, le rire obéit à une codification. Il sert moins à ponctuer la reconnaissance d'un trait d'esprit qu'à accompagner une dynamique : en l'occurrence, il représente surtout un signe d'intérêt de la femme et un encouragement à poursuivre sur ce ton.

L'humour est l'arbre qui cache la forêt. Comme lorsqu'il trouve plus séduisante une femme qui rit de ses blagues plutôt qu'une femme drôle, l'homme espère souvent moins une conversation qu'un monologue (le sien, évidemment !) écouté d'une oreille attentive, polie et enthousiaste. La femme sert de public à son one-man-show. Ce qui compte alors pour lui n'est pas tellement ce qu'elle a à dire, ce qui la passionne, ce qu'elle cherche, ce qu'elle va révéler de sa personnalité, mais plutôt qu'elle paraisse subjuguée. Pour un homme émoustillé, une femme dont la conversation séduit est celle qui sait écouter en riant, en écarquillant les yeux, en montrant le plus ostensiblement possible son intérêt. « Parlons de moi, il n'y a que ça qui m'intéresse. Sois belle et, si ce n'est pas pour me donner confiance en moi... tais-toi. »

Marivaudage et faux scrupules

L'art de la conversation consiste donc essentiellement pour l'homme à prouver sa valeur. Et s'il s'intéresse à la femme, c'est moins pour la connaître que pour lui déblatérer tout ce qu'elle a envie d'entendre. Souvenez-vous la scène de *Tout le monde dit I love you* où Julia Roberts, bouche bée, se sent instantanément séduite par Woody Allen qui, providentiellement, énumère tout ce qui le passionne au quotidien, à commencer par ses goûts artistiques, qui correspondent point par point à ceux de la jeune femme. Les voilà tous les deux exactement sur la même longueur d'ondes, elle qui a toujours rêvé d'un homme qui lui dirait tout cela ! Sauf qu'il a un peu triché : la jeune femme a été espionnée pendant qu'elle se confiait à sa psychiatre... Quand il ne parle pas de ses prouesses, le séducteur présente une véritable maestria pour jurer ce qu'on voudra, quitte à s'en convaincre sincèrement lui-même pour quelques minutes. Des études montrent ainsi que les hommes sont souvent prêts à affirmer, la main sur le cœur, qu'ils sont prêts à s'engager dans une relation sérieuse, même s'ils n'en pensent pas un traître mot : une tendance vérifiée de longue date dans les petites annonces comme dans la vraie vie, et plus récemment avec des applis facilitant les rencontres comme Tinder.

La femme aussi s'avère capable d'hypocrisie. Par exemple, diverses recherches ont confirmé qu'il lui est toujours utile de s'afficher un tant soit peu farouche, même si elle n'en pense pas moins. D'une part, pour éviter de se montrer trop facilement encline à des infidélités ultérieures. D'autre part, pour flatter la vanité du partenaire potentiel : savoir qu'en temps normal une femme ne se livre pas si facilement mais se montre prête à faire une exception pour ses beaux yeux, voilà un compliment indirect et un signe de soumission auquel un don Juan ou supposé tel ne reste pas insensible. Mais bien sûr, si une femme se montre trop difficile d'emblée, ce sera rédhibitoire pour l'homme. Qui se fera facilement une raison et passera à quelqu'un d'autre. Une de perdue…

11.

Se montrer généreux comme un grillon

Preuve d'amour ? Séduction par l'argent ? Etalage de puissance ? Le cadeau est un outil amoureux à manier avec précaution. Trop petit ou trop grand, mal choisi ou trop attendu, il interroge sur les motivations de celui ou celle qui l'offre. Problème bien humain, mais animal aussi, tant le cadeau nuptial est universel, de la drosophile qui régurgite un peu de liquide dans sa corbeille de mariée jusqu'à la mante religieuse à laquelle le mâle se donne lui-même en présent !

DANS LA NATURE

Le mâle de certaines espèces offre quelque chose à la femelle afin de la séduire. On pourrait d'ailleurs distinguer l'alimentation de cour, c'est-à-dire le cadeau de fiançailles destiné à attirer l'attention de la femelle et à obtenir son consentement, du repas nuptial qui a lieu juste avant ou pendant l'accouplement. Cependant, cette distinction n'a pas toujours de sens car l'acceptation du cadeau par la femelle précède souvent de peu l'accouplement.

La sterne pierregarin est un oiseau marin très commun sur le littoral. En période de reproduction, le mâle capture en mer un petit poisson et revient à la colonie pour le proposer aux femelles qu'il courtise. Celles-ci rejettent les mâles trop peu généreux. Il existe en effet une corrélation entre les efforts fournis par le mâle et sa capacité ultérieure à bien nourrir les petits. De plus, ces cadeaux stimulent la fécondité de la femelle qui pondra des œufs plus gros, donnant naissance à des poussins plus vigoureux. Dans de nombreuses espèces, la taille des petits est ainsi directement liée à la valeur des offrandes que la femelle a reçues.

Le cadeau a deux fonctions : c'est un bénéfice immédiat pour la femelle, puisqu'elle est nourrie par le mâle, mais il permet aussi une évaluation de ses qualités. Souvent, la femelle adopte l'attitude et les cris d'un poussin quémandant sa nourriture. Ainsi, les appels de la femelle rouge-gorge sont d'autant plus intenses qu'elle est plus affamée. Le mâle lui donne son cadeau dans le bec, comme il le ferait pour l'un de ses petits. Dans d'autres espèces, il se contente de lui offrir son présent. Le goéland argenté régurgite ainsi son dernier repas au pied de la femelle, ce qui est sa technique habituelle de nourrissage des petits.

Chez certaines espèces, les cadeaux permettent aussi aux mâles d'entretenir des relations extra-conjugales. C'est le cas de la pie grièche grise, un oiseau de la taille d'un merle qui se nourrit de rongeurs, de petits oiseaux ou d'insectes. Elle se distingue par sa technique de stockage de ses victimes qu'elle empale sur des épines ou des barbelés. En période de reproduction, le mâle apporte des proies aux femelles et sera d'ailleurs choisi en fonction de la taille de ses offrandes. Une fois formés, les couples se tiennent à bonne distance les uns des autres. Cela n'empêche pas les mâles de chercher à s'accoupler avec d'autres femelles. Et pour obtenir leur consentement, ils leur présentent des proies plus grandes que celles qu'ils réservent à sa propre compagne !

Le présent pour s'accoupler et survivre

Le cadeau nuptial est fréquent chez les insectes, qui profitent souvent de l'occasion pour s'accoupler aussitôt. La mouche-scorpion *Hylobittacus apicalis* ressemble un peu à un grand moustique, mais elle possède deux paires d'ailes et, malgré son nom, ne porte pas de crochet venimeux. La femelle n'accepte de s'accoupler que si le mâle lui tend une mouche. Plus celle-ci est grosse, plus le repas prendra de temps et plus l'accouplement durera. Le mâle pourra alors féconder un plus grand nombre d'œufs. Pour lui, la durée idéale est proche de vingt minutes s'il veut avoir le temps de transférer un maximum de spermatozoïdes. Si le cadeau est petit, l'accouplement est de courte durée et la femelle cherche alors un autre mâle, ce qui lui permettra de féconder tous ses œufs.

Dans certains cas, faire durer l'acte est pour le mâle une question vitale au sens propre du terme. C'est le cas chez les araignées, qui sont des prédateurs. Ainsi, la pisaure est une espèce européenne dont la femelle est facile à reconnaître au gros sac blanc qu'elle porte sous le ventre et qui contient ses œufs. Mais avant de confectionner ce sac, il a fallu qu'un mâle se soit accouplé avec elle. Or il est plus petit qu'elle et risque fort de finir dévoré avant d'avoir pu accomplir son devoir conjugal. Pour éviter ce triste sort, il offre à sa partenaire un cadeau, une proie entourée de soie brillante. Le cérémonial est d'ailleurs très strict : il se tient immobile devant elle, le corps incliné. Concentrée sur son cadeau, elle va provisoirement abandonner son comportement de chasse.

On a pensé un temps qu'elle était amadouée par cet objet rappelant le sac qu'elle fabrique pour ses œufs. En réalité, son agressivité n'est pas vraiment désamorcée. Si le mâle lui offre un insecte non emballé, la femelle le lui arrache et s'enfuit sans qu'il ait pu s'accoupler. Mais si le cadeau est entouré de soie et que le mâle le tient fermement, elle doit s'affairer pour le démailloter. Et pendant ce temps, il peut lui transférer tous ses spermatozoïdes à l'aide de ses pédipalpes.

Pour le succès de l'opération, le mâle prend soin de donner la forme adéquate à son paquet. S'il n'est pas sphérique, il le tient moins bien et la copulation ne dure pas assez longtemps. Il arrive que la femelle cherche malgré tout à partir avec son cadeau. Dans ce

UN CADEAU FAIT MAISON

Plutôt que de capturer une proie, le mâle peut élaborer lui-même son cadeau. Chez les sauterelles *Isophya* par exemple, le mâle produit un spermatophylax, une grosse masse comestible attachée au spermatophore (le sac qui contient son sperme). Ce spermatophylax atteint jusqu'à un quart du poids de son possesseur pour qui c'est un gros investissement. Pour la femelle, c'est un cadeau réellement utile, riche en sucres et en protéines. Accessoirement, il évite au mâle de voir ses ailes dévorées par sa compagne. Cette masse protéique peut aussi servir de bouchon pour les voies génitales de la femelle. Ainsi, pendant plusieurs heures, aucun autre mâle ne pourra la féconder. Un cadeau multi-fonctions, en quelque sorte.

cas, le mâle se raidit, comme s'il était mort, et se laisse traîner avec le paquet. Quand la femelle s'arrête, il émerge de sa thanathose et reprend son activité copulatrice.

De manière générale, les deux objectifs principaux de ces offrandes consistent à séduire la femelle et à empêcher l'intervention d'autres prétendants. L'araignée américaine *Paratrechalea ornata* enduit ainsi l'emballage de son cadeau de substances destinées à inciter la femelle à s'accoupler. A l'inverse, le grillon y glisse des produits qui rendront la femelle moins encline à copuler avec les mâles suivants. Il tente ainsi de rester l'unique géniteur des petits que portera la femelle. Autre cadeau tout aussi intéressé, celui du papillon mexicain *Heliconius erato* qui accumule dans une poche abdominale de la femelle une substance répulsive. Les autres mâles la prennent alors pour l'un des leurs et ne cherchent donc plus à la séduire.

Séduisants propriétaires

Le cadeau peut être indirect, par exemple la jouissance d'un territoire. C'est important car les ressources disponibles pour nourrir les petits sont en général proportionnelles à la surface du territoire contrôlé, au moins dans les espèces territoriales. Ainsi, chez le rouge-gorge, les mâles défendant un grand territoire sont plus rapides à séduire une femelle et forment leur couple plus tôt que ceux qui en possèdent un petit. Les femelles sont d'ailleurs souvent attirées par les mâles de grande taille car, a priori, ceux-ci dominent des espaces plus vastes donc plus riches.

Chez un autre oiseau, l'indicateur à dos jaune de l'Himalaya, le mâle défend agressivement son territoire qui est centré autour des nids d'abeilles géantes dont il consomme la cire. C'est une ressource importante mais rare. Il empêche les autres mâles d'accéder à son espace mais laisse entrer les femelles. Elles prélèvent de la cire et en échange acceptent de s'accoupler avec le maître du domaine. Un seul mâle a ainsi été observé au cours d'une saison s'accouplant avec dix-huit femelles différentes ! Son succès reproducteur est totalement dépendant de son territoire car il n'offre rien d'autre et ne s'occupe pas des petits. Les femelles refusent de s'accoupler avec des mâles incapables de contrôler un territoire et rôdant à proximité. Par la suite, l'heureux propriétaire laisse à nouveau ses conquêtes venir chercher de la cire, accompagnées de leurs jeunes dont il est raisonnablement sûr qu'ils sont ses propres descendants.

La valeur du territoire ne dépend pas seulement de sa taille. Ainsi, la femelle de la grenouille taureau est capable d'apprécier la qualité de la mare proposée par le mâle. Elle préfère une eau chaude dans laquelle les œufs se développeront plus vite et une végétation clairsemée qui laissera les œufs s'agglomérer les uns aux autres, ce qui limite le risque de prédation. Pour une espèce territoriale, la qualité du domaine que le couple peut contrôler est cruciale, à tel point qu'il est souvent difficile de déterminer si les femelles sont attirées par le mâle lui-même ou par le territoire dont il offre la jouissance. Une question que l'on se pose aussi chez les humains...

Les tricheurs

Parmi tous ces porteurs de cadeaux, on trouve des mâles réellement généreux et d'autres qui se montrent un peu pingres. Certains messieurs sauterelles offrent aux femelles convoitées des spermatophylax de qualité quand d'autres les produisent à bas coût, avec des éléments nutritifs médiocres qui ne leur ont pas coûté grand chose. Un tel cadeau, bien qu'appétissant, n'apporte rien de bien utile à la femelle.

Il existe aussi de véritables tricheurs. Dans la famille des mouches-danseuses (voir p. 125), le mâle emballe une proie dans un cocon de soie qu'il confectionne lui-même. Portant son cadeau, il entre dans un essaim de femelles et en choisit une. Pendant que sa promise déballe l'offrande et en dévore le contenu, il en profite pour la féconder. Mais cet échange équitable n'est pas toujours respecté. Dans certaines espèces, le mâle enfonce sa trompe dans le paquet et consomme la proie avant même de l'avoir offerte. D'autres ne prennent pas la peine d'en capturer une et se contentent d'emballer des débris végétaux, ce que la femelle ne peut découvrir qu'après avoir ouvert le cocon. Pire, des mâles préparent des emballages vides qu'ils présentent avec le même empressement. Comme les femelles sont plus attirées par les gros cadeaux, le mâle de la mouche *Hilara* offre ainsi un grand ballon vide, immangeable.

On ne sait pas si les femelles acceptent parce que ces « cadeaux » donneraient des informations sur la qualité des mâles ou simplement parce qu'elles ne sont pas encore adaptées à ce comportement malhonnête. Dans la même famille, des mâles reprennent leur cadeau aussitôt après l'accouplement afin de pouvoir le réutiliser pour une autre occasion. Mais les femelles ne se laissent pas faire et l'échange nuptial peut dégénérer en un rude combat post-copulation.

Les paquets-cadeaux nuptiaux sont communs chez les insectes et les araignées, mais il existe d'autres formes de cadeaux trompeurs. Ainsi, chez le characin porte-épée, un petit poisson d'eau douce sud-américain, le mâle porte sur la joue un long filament qui se termine par un renflement. Il agite cet organe devant la femelle qui est attirée comme s'il s'agissait d'une proie. Pendant qu'elle

UNE BONNE FICELLE POUR EMBALLER

Les tests ont montré qu'il vaut mieux pour le mâle proposer un cadeau médiocre que d'arriver les mains vides. Avec une piètre offrande, il s'accouplera moins longtemps mais s'accouplera tout de même. Son succès reproducteur sera en fait à la hauteur des efforts qu'il aura fourni pour trouver son cadeau. Plutôt que de considérer ces comportements comme des tromperies, on pourrait y voir une transition évolutive qui conduit des cadeaux purement alimentaires jusqu'aux présents symboliques, très courants dans notre propre espèce.

mord le leurre, le mâle en profite pour l'inséminer. Les mâles se sont adaptés aux conditions locales et présentent des leurres de forme variable, correspondant aux proies habituelles des femelles, différentes d'une région à l'autre.

L'offrande ultime

Parmi tous les cadeaux possibles, il en est un qui n'est pas symbolique du tout. C'est le don de soi, le cadeau ultime du mâle qui s'offre à sa bien-aimée. Les éthologistes emploient le terme évocateur de « cannibalisme sexuel ». Ce comportement qui fait froid dans le dos (surtout aux hommes) a été l'objet d'innombrables études mais reste encore assez mal compris. Il semble a priori paradoxal qu'il ait pu se maintenir au cours de l'évolution. Malgré son coût très élevé pour la victime, il doit certainement présenter un grand intérêt pour l'espèce.

Ainsi, chez l'épeire diadème, une araignée banale des jardins, les femelles sont susceptibles d'attaquer et de dévorer les mâles à n'importe quel moment de la parade nuptiale ou de l'accouplement. Pour le mâle, le risque est permanent. Chez sa cousine l'épeire fasciée, quatre mâles sur cinq sont dévorés au cours de l'accouplement. Ce comportement est fréquent chez les araignées, les scorpions et les célèbres mantes religieuses. On l'observe aussi chez les gammares, des petits crustacés d'eau douce, et peut-être dans quelques autres groupes zoologiques, mais il semble inconnu chez les oiseaux et les mammifères.

Même chez les espèces cannibales, le mâle n'est pas systématiquement dévoré ou bien pas en entier. C'est le cas du grillon rayé de Caroline. Le mâle possède un éperon tibial qui est machouillé par la femelle pendant l'accouplement. Elle en profite pour aspirer une partie de l'hémolymphe du mâle (son « sang »). Il perd jusqu'à 10 % de son propre poids au cours de l'acte. Les femelles choisissent les mâles les plus grands, susceptibles de leur fournir plus de nourriture. Et plus le cadeau est généreux, plus ses petits seront nombreux.

Plusieurs hypothèses ont été proposées pour expliquer le cannibalisme sexuel. Elles ne sont pas nécessairement contradictoires et peuvent varier d'une espèce à l'autre. Parmi les plus simples, on peut supposer que le comportement prédateur de la femelle est si développé qu'elle attaque le mâle avant de lui avoir laissé le temps de s'identifier comme tel, sans même parler d'accouplement. Le cannibalisme pré-copulatoire constitue pour le mâle un échec irrémédiable. De son côté, la femelle trop efficace se prive elle-même de toute descendance. Il faut donc tenter de comprendre en quoi il pourrait malgré tout être utile à l'un et à l'autre.

Il est possible que les jeunes femelles aient avantage à un comportement agressif intense, qui leur permet d'atteindre rapidement une grande taille et d'obtenir ainsi un plus grand succès reproducteur. Leur cannibalisme serait une simple extension de leurs habitudes juvéniles de prédation tous azimuts. Bref, une simple erreur. On se trouverait donc devant un schéma évolutif classique d'équilibre entre un mécanisme utile et ses contreparties négatives. Certaines lycoses, ou araignées-loups, ont tant de difficultés à trouver des proies que leurs congénères représentent jusqu'à un quart de leurs repas. Le cannibalisme sexuel n'est alors qu'un cas particulier de cannibalisme généralisé.

Ce comportement pourrait être aussi pour la femelle une façon simple, bien que brutale, d'exprimer son libre choix quant à l'accouplement. Si le mâle qui s'approche ne lui semble pas convenable, alors c'est une proie comme une autre. Les causes de ce refus peuvent être nombreuses, par exemple s'il est trop petit ou trop peu vigoureux, ou bien s'il ne produit pas les bons signaux d'identification ou de pacification. Dans ce cas, seuls les mâles de mauvaise qualité seraient mangés, parce qu'ils risquent d'attirer un prédateur, ou parce que leurs assiduités empêchent la femelle de chasser ses proies habituelles. La femelle exercerait là une forme extrême de rejet des partenaires insatisfaisants. Le mâle offert lui-même en cadeau de noces serait alors l'expression ultime de la divergence d'intérêts entre les deux sexes.

Généralement, la dévoration du mâle n'intervient qu'au cours de l'accouplement ou juste après. Dans ce cas, l'hypothèse du cadeau ultime devient à nouveau recevable. Chez la mante religieuse, le mâle est presque aussi gros que la femelle. On a constaté que les femelles affamées sont plus agressives et qu'elles pondent plus d'œufs lorsqu'elles ont mangé le mâle. Ainsi, cet investissement du mâle favoriserait la naissance de ses propres petits.

Pourtant, bien souvent, la valeur énergétique du mâle est trop faible pour que ce repas facilement gagné puisse expliquer le comportement de la femelle. C'est le cas chez les araignées où les femelles sont d'autant plus agressives envers leurs mâles qu'elles sont plus grosses qu'eux. Autrement dit, leur victoire est assurée mais leur repas frugal.

La veuve noire est une araignée qui doit son nom au fait que la femelle dévore souvent le mâle au cours de l'accouplement. D'un point de vue nutritif, le sacrifice est insignifiant, mais l'acte dure plus longtemps, ce qui augmente le nombre d'œufs fertilisés. Le cannibalisme sexuel a dans ce cas la même fonction que la proie emballée dans un papier de soie. De même, à l'instant de sa mort, le mâle de l'épeire fasciée sectionne ses parties génitales qui restent en place à l'intérieur de la femelle et empêchent tout accouplement avec d'autres mâles. Il meurt mais laisse une descendance plus abondante. Du point de vue de ses gènes (voir p. 19), l'opération est bénéfique.

CHEZ LES HUMAINS

A Noël, ce sont les couples qui se font le plus de cadeaux, et les plus onéreux. Raison de plus pour commencer dès les balbutiements de la relation. D'autant qu'une idée reçue, confirmée par maintes observations, veut que lorsque deux personnes de sexe opposé esquissent une relation amoureuse, les femmes, bien plus que les hommes, soient sensibles aux attentions de leurs prétendants. Par exemple, parmi 109 petites tactiques déployées pour attirer l'attention entre clients célibataires dans des bars (du Michigan, en tout cas...), des jeunes femmes ont plébiscité toutes celles qui indiquaient des marques de sollicitude ou des bonnes manières (sourire, offrir un verre, délivrer un compliment, veiller à ce qu'elles n'aient pas trop froid, etc.). Des recherches récentes se sont intéressées à l'art d'offrir et ont révélé qu'il est facile de gaffer et de produire l'effet inverse de celui escompté, quel que soit le sexe du donneur et du receveur. Une étude du début des années 1990 avait déjà analysé pourquoi un cadeau peut être mal pris : impression qu'on veut forcer à éprouver de la proximité et de la reconnaissance ou à rendre la pareille, culpabilité si le présent ne plaît pas... De sorte qu'il n'est pas rare qu'un présent (un bijou fantaisie triste à pleurer, par exemple) fasse davantage plaisir au donneur qu'au receveur et devienne un risque de se faire envoyer sur les roses comme une sterne pierregarin.

Offrir n'est pas toujours séduire

Une première erreur à ne pas commettre est d'offrir la même chose à plusieurs personnes, même si elles ne se connaissent pas et ne le sauront jamais. Outre que cela relève du cynisme, il peut être désobligeant, dans un contexte de séduction, de recevoir un présent visiblement industriel, c'est-à-dire interchangeable. Pour bien faire, privilégiez un cadeau personnalisé, par exemple artisanal, qui montre que vous vous intéressez à votre partenaire, que vous faites des efforts d'analyse et d'adaptation. On applaudit bien fort la sauterelle mâle *Isophya* qui, avec son spermatophylax hautement personnalisé, a tout compris ! En d'autres termes, à personne unique, objet unique. D'où les clichés vus et revus au cinéma : « Oh ! Mais ce bracelet est magnifique ! Merci ! » Il paraît surtout magnifique parce qu'étant seul de son espèce, il coûte probablement très cher et ne se voit pas sur n'importe quel poignet.

Des cadeaux plus modestes mais permettant de vivre des expériences à part entière sont jugés précieux : par exemple une place de concert plutôt qu'un CD. Ainsi vous créerez des souvenirs plus forts qui vous resteront associés.

Un autre travers est de vouloir en mettre plein la vue, au détriment d'un cadeau moins tape-à-l'œil mais plus simple d'utilisation. Typiquement, un bon pour un massage dans un institut correct au coin de la rue sera plus judicieux qu'un soin hypersophistiqué dans un endroit plus prestigieux mais situé au diable Vauvert et dans lequel on ne puisse se rendre sans monopoliser toute une journée et occasionner des frais de déplacement.

Surprendre, c'est demander

Une recherche de 2016 a souligné un malentendu fréquent et contre-intuitif : généralement le donneur entend faire plaisir et s'imagine qu'il va y parvenir simplement parce que « c'est le geste qui compte » (à la limite, la nature du cadeau est secondaire). D'où l'intérêt de ménager la surprise. Or, le plus souvent, le receveur préfère un cadeau non pas surprenant mais utile, comme le plateau-repas de la mouche-scorpion. Rien de pire que de se sentir obligé de vivre au quotidien avec un objet d'autant plus encombrant qu'on n'en a pas l'usage. Pour s'assurer de faire le meilleur cadeau possible, et au risque de paraître grossier, il suffit donc de demander à l'intéressé(e) ce qui lui ferait plaisir, quitte à gâcher l'effet de surprise… et à en provoquer un autre en demandant un avis personnel.

De plus, recevoir un cadeau engendre un sentiment de réciprocité : on se sent redevable. Mais la temporalité est importante, car rendre immédiatement la pareille suggère une volonté de clore la relation, tandis que différer le moment d'offrir quelque chose à son tour renforce les liens entre deux personnes.

Enfin, et plus prosaïquement, si nous apprécions de recevoir un présent de la part de quelqu'un qui s'efforce visiblement de nous séduire, c'est aussi parce que ce cadeau témoigne de l'aisance matérielle du généreux donateur. Un détail qui compte souvent en matière de séduction…

12.

Eblouir comme un jardinier satiné

Beau, danseur confirmé, chanteur de charme, parfumé, généreux... Les séducteurs n'ont malheureusement pas toutes les qualités et certains d'entre eux n'en ont même aucune. Mais ils peuvent compenser ces manques par leur habileté, leur attention, leur dévouement ou leur intelligence.

DANS LA NATURE

Lorsque les mâles s'impliquent vraiment dans la reproduction au-delà de l'accouplement, il leur faut prouver leur dévouement avant même la naissance des petits dont ils proposent de s'occuper. Les lagopèdes, ou perdrix des neiges, se nourrissent à terre de bourgeons ou d'insectes. Pendant que le groupe est affairé, certains mâles adoptent une posture d'alerte. Ils se tiennent droits, la tête dressée et les ailes plaquées contre le corps, regardant alternativement à droite et à gauche. En période de reproduction, les femelles montrent une préférence pour les mâles les plus vigilants. La surveillance exercée par les mâles est donc cruciale pour leur reproduction, même si elle est coûteuse pour eux puisqu'ils se nourrissent moins pendant ce temps-là.

Avant la ponte, la perdrix des neiges mâle ne quitte plus sa femelle. Il passe une bonne partie de son temps à surveiller les alentours, vérifiant qu'aucun prédateur ne s'approche (un rapace, par exemple). Il lui permet ainsi de consacrer tout son temps à la recherche de nourriture, une tâche importante pour la qualité des œufs et des poussins. Le comportement de vigilance est sous le contrôle d'hormones de type testostérone, qui semblent augmenter son niveau d'attention. L'attitude des mâles est donc encore une fois un signe de leurs aptitudes.

Ce comportement est commun chez les oiseaux, mais il n'est pas toujours lié à la défense contre les prédateurs. Certains mâles sont surtout attentifs à leurs rivaux, qu'ils empêchent d'approcher afin d'éviter tout accouplement extra-conjugal. Ils s'assurent ainsi de leur paternité. Cependant, les perdrix des neiges se montrent plus vigilantes aux périodes les plus dangereuses, ce qui montre que leur engagement est surtout destiné à la protection contre les prédateurs.

Amants bâtisseurs

S'occuper de sa compagne ou de ses petits, c'est aussi leur préparer un logement confortable et sûr. Chez les poissons et les oiseaux, la construction du nid est souvent l'un des moyens d'attirer les femelles. Le gobie, un petit poisson du littoral européen, édifie son nid à partir d'une coquille de moule vide qu'il recouvre de sable en s'aidant de sa queue. S'il est bien nourri et en pleine forme, son nid sera de meilleure qualité, ce qui est essentiel s'il veut séduire une femelle. En effet, celle-ci préfère les nids bien camouflés, qui indiquent que le mâle n'est pas affamé et qu'il ne sera pas tenté de dévorer les œufs pendant qu'il les gardera.

Bâtir un nid est tout aussi coûteux en temps et en énergie que la ponte ou l'alimentation des petits. Chez les oiseaux, la femelle est souvent seule à l'échafauder, mais lorsque le mâle s'y met, il est jugé sur son travail. La parade nuptiale inclut alors la présentation d'éléments nécessaires pour sa construction (voir par exemple la parade du grèbe, p. 135). L'efficacité dans la collecte de brindilles sert de témoin aux efforts qu'il saura fournir dans la recherche de nourriture pour les jeunes. Ainsi, lorsque la pie mâle construit un nid aux dimensions réduites, la femelle y pond moins d'œufs. Elle s'adapte de cette façon à ce qu'elle a perçu de l'investissement du mâle pour sa portée. Un grand nid permet aussi de garantir aux petits une température plus ou moins constante malgré la météo. Les parents pourront alors consacrer plus de temps et d'énergie à chercher de la nourriture. Si le nid est suffisamment vaste, il aide également à limiter les salissures ou l'infestation par les parasites.

La mésange rémiz, ou rémiz penduline, est un petit passereau européen qui s'installe près des zones humides. Du fait de sa très petite taille (il pèse 9 g), les qualités d'isolation thermique du nid sont essentielles pour le succès de la reproduction. C'est le mâle qui le bâtit à l'extrémité d'une branche souple située au-dessus de l'eau. Constitué d'un tissage d'herbes, de fibres de plantes, de fils d'araignée et de crins animaux, il est ensuite garni de duvet végétal. Il prend alors l'aspect d'une grosse poire suspendue à la pointe du rameau. L'entrée en forme de tube est située au sommet du nid.

Ce travail lui demande deux à trois semaines mais n'est pas toujours payant. En effet, un tiers des nids restent vides. Et dans la moitié des nids qui ont attiré une femelle, celle-ci ne pond qu'un ou deux œufs avant de les abandonner au mâle. C'est lui qui devra prendre soin de la nichée, ce qui réduira ses capacités à trouver d'autres partenaires. Quant à la femelle, elle se mettra en quête d'un mâle plus habile. Si le nid est suffisamment grand, la femelle y pondra des œufs plus nombreux et s'occupera elle-même de sa nichée. Comme le mâle ne l'aide pas du tout, la qualité du nid est essentielle pour la santé de sa couvée. De son côté, son ex-conjoint pourra construire d'autres nids et séduire de nouvelles femelles, augmentant ainsi son succès reproducteur.

Chez la penduline, le nid est au nœud du conflit entre les sexes puisqu'il détermine directement le nombre de descendants de chacun. Chez les passereaux européens, on a constaté que les nids sont en moyenne deux fois plus grands si les deux parents coopèrent pour le construire, alors même que les petits ne sont pas plus nombreux.

MAISONS TÉMOINS

Au-delà de la taille, les nids sont des structures complexes dont l'édification suppose des capacités cognitives importantes. Pour les biologistes, le nid peut être considéré comme un « ornement non corporel » utile pour la communication entre les sexes. Certains nids sont seulement des logements de démonstration et ne sont même pas destinés aux poussins ! Ainsi, le troglodyte mâle construit chaque année jusqu'à douze nids sur son territoire. Il commence de plus en plus tôt et finit plus tard dans la saison. Bien sûr, c'est pour lui un moyen efficace d'attirer une femelle...

Les nids deviennent parfois des constructions considérables, dont la taille est bien supérieure aux besoins réels de leurs occupants. Il y a tout de même une limite à leur ampleur car ils ne doivent pas attirer les prédateurs.

Le rôle démonstratif des nids peut se poursuivre après l'accouplement, l'effort fourni par chaque parent étant susceptible d'inciter l'autre à s'investir dans le nourrissage des jeunes, comme chez la mésange bleue. Le mâle dispose autour du nid des plumes qu'il a trouvées. Cela incite la femelle à pondre plus d'œufs car ce signal indique que le mâle va passer plus de temps à nourrir ses petits. Et finalement, les petits seront en meilleure santé que dans les nids non décorés par les mâles.

Faire son nid, tout un art

On observe ainsi assez souvent la présence dans les nids d'éléments décoratifs, sans fonction utilitaire évidente. Le tisserin du bengale construit un nid d'herbes entrelacées en forme de nacelle. Vers la fin de son travail, il l'enduit partiellement de boue et de bouse de vache. Les femelles viennent se poser dessus, sautillant sur place comme si elles en testaient la solidité. Mais elles ne prennent pas seulement en compte la qualité objective du nid, car le mâle l'orne aussi de pétales aux couleurs vives, jaunes, rouges, bleus ou blancs. Si le nid ne convient pas, elles ne restent pas et le mâle doit recommencer.

De nombreux oiseaux semblent ainsi faire preuve d'une sensibilité esthétique allant au-delà de la forme ou de la symétrie du nid. Cependant, avant de qualifier leur activité de « décoration » au sens humain du terme, il faut s'assurer que ces éléments n'ont pas d'autres fonctions que le plaisir des yeux (ou du nez, même si l'odorat des oiseaux n'est pas leur sens le plus développé). Certains, surtout ceux qui réutilisent les anciens nids, les ornent de plantes vertes qu'ils renouvellent chaque jour. Ces décorations ont parfois un effet nettoyant anti-parasitaire. Mais ce rôle sanitaire n'est sans doute pas le seul. Chez l'étourneau, le mâle contribue à la couvaison et au nourrissage des petits. Pendant la période de construction du nid, il l'orne de plantes vertes qui ne servent pas d'antiparasites et ne donnent pas d'indications sur son investissement ultérieur. Ce sont seulement des décorations d'appartement destinées à séduire les femelles.

Parfois, ce qui va attirer la femelle est une tâche en apparence dépourvue d'intérêt mais qui lui prouvera les qualités du mâle. Les traquets rieurs construisent un nid en forme de coupe, constitué d'herbes et de racines et garni de crin et de plumes. Il est souvent posé à terre ou dans une crevasse de rocher et est entouré d'un cercle de galets. Tout cela prend du temps aux deux parents. Auparavant, le mâle s'est échiné à séduire sa femelle en transportant des pierres, mais sur d'autres sites : ces cailloux, eux, ne serviront à rien ! Alors qu'il pèse à peine 40 g, ses charges peuvent atteindre 28 g. En trois semaines, il transporte ainsi de 1 à 2 kg de petits cailloux. Il s'agit d'une forme de séduction particulière qui intervient entre l'accouplement et la ponte. Plus il en transporte, plus la couvée sera nombreuse car la femelle ajuste son propre effort reproducteur à l'investissement du mâle.

Constructions pharaoniques

Malgré leur ampleur, les efforts consentis par ces oiseaux pour séduire une compagne semblent dérisoires comparés aux travaux pharaoniques entrepris par les mâles d'autres espèces. Le poisson-globe *Torquineger* vit dans les eaux littorales du Japon. Il construit chaque année un nid de 2 m de diamètre alors qu'il mesure lui-même à peine 12 cm de long ! Posé sur le sable au fond de l'eau, il agite les nageoires afin de creuser des sillons qui se rejoignent dans une zone centrale, le futur nid. Autour de ce premier cercle, il bâtit une double série de dunes qui rayonnent également vers le centre de la structure. Puis il les décore avec des débris de coquillages. Le sable de la partie centrale étant bien plus fin que le reste du nid, il est possible que les dunes et les rides ne soient que le résultat des efforts du poisson pour accumuler ce sable au centre, mais à distance, l'ensemble est saisissant.

Cette structure étonnante a été découverte en 1995, mais ce n'est qu'en 2013 que son auteur a été identifié, lorsque des chercheurs japonais ont pu observer le travail du poisson-globe. Cet ouvrage, qui lui demande sept à neuf jours de travail, est indispensable pour séduire la femelle, même si on ne connaît toujours pas la fonction précise de ce cadeau royal. Quoi qu'il en soit, la femelle vient inspecter l'œuvre du mâle et, si elle est satisfaite, se rend au centre où elle dépose ses œufs. Ensuite, elle s'en va, laissant au mâle la suite des opérations. Il féconde les œufs et consacre les six jours suivants à les garder, jusqu'à leur éclosion. Il est possible que l'ensemble de la structure permette de diminuer le courant au centre, là où se trouvent les œufs. Mais de toute façon, les courants effacent cette rosace en quelques jours.

D'autres constructions n'ont aucune utilité pratique, leur seule fonction étant la séduction. Ainsi, le jardinier satiné d'Australie construit une tonnelle formée de deux murs parallèles de rameaux entrelacés se rejoignant en forme d'arche. Devant l'entrée, l'oiseau dégage une placette qu'il décore de fleurs, de plumes, de coquilles d'escargots, de cailloux et d'os d'animaux. Il choisit de préférence des objets bleus, notamment plusieurs espèces de fleurs bleues et violettes, et des bouchons de bouteilles en plastique. Il les choisit selon plusieurs critères, couleurs ou rareté, mais ne récolte pas de fleurs orange, roses ou rouges. Il utilise aussi des baies écrasées et un morceau d'écorce fibreuse pour peindre l'allée centrale.

Les femelles observent les mâles en train de préparer les berceaux, puis reviennent une fois qu'ils ont terminé. Les mâles effectuent alors leur danse nuptiale. Chaque femelle choisit son partenaire, avec lequel elle s'accouple. Dans la forêt, elles ne peuvent s'observer les unes les autres mais ont tout de même tendance à choisir les mêmes mâles, alors que d'autres sont délaissés par toutes. Elles favorisent les mâles âgés dominants qui construisent des berceaux de grande qualité et qui se montrent capables de les défendre contre les voleurs d'objets, les autres mâles en compétition.

Le choix de l'intelligence

On peut s'émerveiller de l'intelligence des femelles, qui choisissent leur partenaire sur des critères réellement signifiants (par exemple lorsque la beauté est un signe de bonne santé), mais on peut aussi s'interroger sur celle de l'heureux élu. Dans le monde de l'éthologie, on utilise plutôt le terme de « capacités cognitives », c'est-à-dire des processus cérébraux liés à l'acquisition d'informations, à leur traitement, à leur préservation et leur utilisation en vue de résoudre les problèmes que les animaux sont amenés à rencontrer.

Si des capacités cognitives améliorées permettent aux mâles d'avoir accès à des ressources plus abondantes, les femelles choisissant ces mâles pour conjoints en obtiennent des bénéfices directs.

LA GROSSE TÊTE : INNÉE OU ACQUISE ?

On a constaté que le cerveau des espèces à nid complexe était plus gros que celui d'espèces apparentées mais non-bâtisseuses. La construction d'un nid repose certainement sur des connaissances innées, d'origine génétique, mais aussi sur des capacités acquises au cours de la vie de l'oiseau. Ces deux aspects sont susceptibles d'intéresser un éventuel compagnon. De même, les parades nuptiales les plus élaborées, dans lesquelles les deux partenaires se répondent et s'accordent l'un à l'autre, font appel à des comportements innés qu'il leur faut adapter et ajuster en permanence.

Et si ces capacités sont héritables, les petits en profiteront également. Le processus est avantageux pour l'espèce mais aussi pour l'individu ou, du moins, pour ses gènes, qui auront été transmis avec succès à la génération suivante. La sélection sexuelle pourrait ainsi agir sur des traits aussi complexes que la cognition. Pour cela, il faut que le partenaire ait vraiment le choix. Comme les couleurs des plumes, la subtilité d'un chant ou la taille d'un ornement, les capacités cognitives sont extrêmement variables d'un individu à l'autre. Il suffit de vivre avec des chiens ou des chats pour se rendre compte de la diversité existant dans ce domaine, et c'est tout aussi vrai pour les renards et les corbeaux.

Mais est-il vraiment nécessaire de choisir un conjoint brillant ? Sans doute, si cela l'aide à trouver de quoi nourrir les petits. Chez le bec-croisé des sapins, la femelle observe l'habileté des mâles à extraire les graines des pommes de pin et elle choisit les plus efficaces. Les autres restent affamés et en plus ne trouvent pas de conjointe. Le choix de la femelle est parfaitement raisonnable puisque le mâle devra lui apporter ses repas pendant le temps de la couvaison, puis approvisionner les poussins jusqu'à leur envol. Sa capacité à trouver de la nourriture aura une influence directe sur la durée de cette période et sur la santé des jeunes. Ainsi, les individus capables de résoudre des problèmes sont plus séduisants que les autres. Cela suggère que les individus plus intelligents ont un avantage sélectif dans la course aux conjoints.

Apprentissages autour du berceau

Dans le cas du jardinier satiné, la construction du berceau demande aux jeunes mâles un long temps d'apprentissage. Ils observent les adultes dans toutes les étapes de la construction et de la décoration de leur édifice. Avant d'obtenir leur plumage bleu d'adulte, vers l'âge de 7 ans, ils n'ont aucune chance de séduire une femelle. Mais c'est justement parce qu'ils ont encore leur plumage juvénile que les mâles adultes leur permettent de rester à proximité de leur œuvre.

Des éthologistes ont cherché à mettre en relation le travail de ces oiseaux avec leurs capacités à résoudre des problèmes. Ils ont placé dans leur berceau des objets rouges difficiles à retirer car collés à une tige enfoncée dans le sol ou recouverts d'un bol transparent. Les plus rapides à se débarrasser des intrus, soit en les recouvrant, soit en déplaçant le bol, se sont révélés être les préférés des femelles. Elles ne les avaient pourtant pas observés en train de résoudre le problème qui leur avait été posé, mais les plus efficaces dans cette tâche étaient précisément les constructeurs les plus talentueux, donc les meilleurs séducteurs.

Les comportements au sein d'un couple d'oiseaux paraissent relativement simples, souvent très stéréotypés. Mais il semble que leurs relations sociales jouent un rôle bien plus important que ce que l'on a pu croire autrefois. Les éthologistes ont observé chez les corbeaux et les perroquets l'équivalent de l'intelligence sociale des primates. Comme les singes, ces oiseaux possèdent un gros cerveau nécessaire à leur mode de vie sociale... et sans doute aussi à leur vie conjugale.

CHEZ LES HUMAINS

Selon certaines recherches, hommes et femmes espèrent séduire ou être séduits par quelqu'un de gentil et d'intelligent avant tout, accessoirement romantique, drôle, créatif et doté d'une personnalité bien à lui. Les deux sexes s'accordent pour formuler de telles ambitions, hormis sur un aspect essentiel : la caractéristique la plus recherchée. Ainsi, que cherchent de préférence les messieurs chez les dames ? La beauté. Et ce n'est pas tout : partout, dans toutes les cultures et depuis la nuit des temps, plus une femme est jeune, plus elle est jugée attrayante. Les hommes se soucient beaucoup moins du caractère que de la jeunesse. Parmi les qualités morales (tout de même) appréciées chez les femmes par les hommes, on trouve la fidélité. Les soupçons d'infidélité sont un motif majeur de violences conjugales pouvant aller jusqu'au meurtre. Pour un homme, séduire une femme infidèle aux autres, pas de problème. Mais à lui, certainement pas.

Et que cherchent surtout les dames chez les messieurs ? La beauté aussi ? Non. Même pour du très court terme, la majorité des femmes cherchent avant tout un homme attentionné et garantissant leur aisance et leur sécurité matérielle, un attendrissant mélange de perdrix des neiges et de rémiz penduline, en somme. S'il est plus âgé, s'il a eu le temps de stabiliser sa position sociale et se voit moins pressé par ses hormones de courtiser des rivales potentielles, c'est un bon point pour lui. Cette tendance est décrite comme particulièrement prononcée par-delà les cultures : que les femmes soient laissées complètement libres de leur choix ou non, elles ont tendance à préférer un partenaire stable, plus âgé, mûri (et adouci) par l'expérience. Sur Internet, les femmes cliquent plus souvent sur les petites annonces postées par des hommes plus âgés qu'elles. Et ce, dans la limite d'une dizaine d'années. Sauf si les candidats insistent sur leurs revenus ou leur niveau d'études, ce qui rend les femmes encore moins regardantes sur la jeunesse.

On pourrait penser que des facteurs culturels atténuent ces tendances, polissent les mœurs, mais il n'en est rien : Internet, en multipliant les sites de rencontres où chaque internaute peut faire son marché parmi des milliers de partenaires potentiels, permet de laisser libre cours à ses inclinaisons personnelles comme jamais auparavant. L'anonymat autorise, sans vergogne et en toute impunité, dans l'indifférence souveraine des autres internautes, de se montrer exigeant quant au physique ou aux ressources matérielles d'autrui, et de déclarer ce qui nous arrange sur notre propre compte. Heureusement, sans promesse de réussite…

Clichés et stéréotypes *vs* cougars

De tels stéréotypes sont d'ailleurs très bien intégrés culturellement. Nous soupçonnons facilement une jolie jeune femme mariée à un vieux croûton d'en vouloir à son argent, même si nous ne savons rigoureusement rien d'eux. Et en rédigeant une petite annonce pour trouver l'âme sœur, statistiquement les gens mettent plutôt en avant les qualités qu'ils savent attendues par le sexe opposé et sollicitent des caractéristiques conformes aux stéréotypes. On a beau trouver cela énervant, les faits sont têtus et semblent bel et bien donner raison, sur ce point, aux vieux clichés.

La puissance et la constance de tels stéréotypes à travers le monde plaident pour un déterminisme biologique. Cependant, la donne est peut-être en train de changer. Et ce, pour des raisons culturelles. En effet, le temps où la femme matériellement démunie avait tout intérêt à se trouver un protecteur aisé, capable de subvenir aux besoins de leur progéniture commune, est révolu, du moins dans notre culture : depuis quelques décennies seulement, les femmes sont indépendantes, se prennent en main, s'efforcent de mener leur carrière le plus conformément possible à leurs aspirations. Dans l'idéal en tout cas, personne ne leur dicte plus ce qu'elles doivent faire de leur corps ni de leur vie privée. Les cougars, qui bravent les anciens usages en s'affichant à leur tour avec des partenaires plus jeunes, en sont une flagrante illustration. A l'heure où nous élaborons cet ouvrage, la femme du président des Etats-Unis a 24 ans de moins que lui, tandis que la première dame de France en a 24 de plus que le nouveau chef de l'Etat. Et nous ne sommes plus dans la configuration des gigolos qui, eux, s'assuraient la bienveillance d'une femme riche. Ici, il est bien question (le plus souvent) de vrais couples, sincères, formés sur un authentique processus de séduction. Jusqu'à preuve statistique du contraire... Certaines femmes le revendiquent publiquement au fil de livres ou de conférences TED. Nous verrons combien de temps sera considéré encore comme « normal » le fait qu'une femme trouve séduisant un homme « mûr » et « étrange » qu'un jeune homme se sente sous le charme d'une cougar ou d'une MILF. Une nouvelle preuve que décréter ce qui est « naturel » en matière de séduction s'avère un exercice pour le moins hasardeux.

Comme si les choses n'étaient pas assez complexes, une étude américaine de 2013 montre cependant que le phénomène cougar pourrait se révéler à double tranchant. Les femmes, quel que soit leur âge, considèrent en effet qu'il contribue à faire accepter l'idée que leur vie sentimentale et sexuelle ne s'arrête pas à la ménopause et que la séduction n'est pas qu'une affaire de jeunes. Mais elles déplorent que le terme même de « cougar » rabaisse la séduction à la stratégie d'une manipulatrice et d'une prédatrice, presque d'une sorcière prenant dans ses filets un jouvenceau naïf. Ce qui est tout aussi stigmatisant que de considérer qu'une femme ordinaire souffre d'une date de péremption.

Conclusion

Faire le bon choix

Une fois le partenaire repéré, approché et séduit, la suite ne fait aucun doute. Seule inconnue, le résultat de l'entreprise. Sera-t-il à la hauteur des efforts consentis ? La stratégie mise en œuvre pour choisir le meilleur conjoint parmi tous ceux qui se sont présentés portera-t-elle ses fruits ?

DANS LA NATURE

Lors de la rencontre entre deux êtres, on a envie d'imaginer une séduction mutuelle, mais dans la nature, le coup de foudre réciproque est peu fréquent. La situation la plus courante est que l'un séduit et l'autre choisit. La plupart du temps, le sexe qui exerce la sélection est celui qui dépensera le plus de temps et d'énergie dans la reproduction, c'est-à-dire la femelle. Bien sûr elle choisit parfois aussi et il arrive que les rôles soient inversés, comme chez l'hippocampe ou le syngnathe (voir p. 114).

Chez les petits animaux, les générations se succèdent rapidement. Les insectes, les poissons ou les oiseaux ont fait l'objet de nombreux travaux qui ont permis d'identifier les choix des partenaires et de mesurer les effets de ces choix sur leurs descendants. Chez les mammifères, souvent plus gros, on sait rarement quels sont les critères de choix des femelles et quels bénéfices elles ou leurs petits en retirent. Pour la plupart de ces espèces, les odeurs jouent un rôle très important mais malheureusement, ce n'est pas le sens le plus performant chez les humains. Spontanément, les chercheurs sont plus sensibles aux couleurs ou aux mouvements des animaux !

Comme elles produisent moins de gamètes (ovules *vs* spermatozoïdes), les femelles sont en général plus circonspectes que les mâles quant au choix de leur conjoint. Elles peuvent tenir compte d'un élément matériel, tel qu'un grand territoire ou un cadeau nuptial, ou percevoir chez le mâle des qualités intéressantes susceptibles d'assurer le succès de la reproduction ou utiles à leurs descendants. Pour le séducteur, c'est simple, il faut être le meilleur, au moins dans son domaine, en tenant compte des préférences des femelles. Pour ces dernières, le choix du partenaire est essentiel car il peut apporter d'importants bénéfices. On a vu que la femelle exerce un véritable choix puisqu'elle repousse certains prétendants alors qu'elle en accueille d'autres. Et dans la sélection qu'elle opère, elle tient parfois compte des mâles vus, entendus ou rencontrés auparavant.

S'il faut écarter un compagnon parcimonieux (ou impécunieux), il est tout aussi nécessaire d'éviter d'avoir affaire à un partenaire malade, susceptible de transmettre des microbes ou des parasites. On le reconnaîtra à ses plumes ternes, à son pelage mité ou à ses piètres performances. A l'inverse, on distinguera le conjoint idéal à sa robustesse, à ses attentions, à son intelligence ou à toutes ces aptitudes réunies. Et si les qualités du prétendant sont importantes, on doit encore tenir compte des bénéfices directs qu'il est susceptible d'apporter, par exemple des cadeaux alimentaires (*Je vous ai apporté des bonbons, parce que les fleurs, c'est périssable*, chantait Jacques Brel). Les bénéfices sont parfois indirects, comme la jouissance d'un territoire plus riche ou plus vaste, une fois le couple établi. Bien sûr l'essentiel n'est pas là, la seule et unique motivation étant d'engendrer des descendants nombreux, de grande qualité et capables, eux aussi, de bien choisir leurs conjoints.

Choisir le ou la meilleur(e)

Souvent, la question n'est pas seulement d'être séduit, mais de choisir le meilleur de tous les prétendants disponibles. Qu'on le nomme Prince Charmant, Ame-Sœur ou Elu, il ne peut être qu'unique.

En réalité, la femelle (si c'est elle qui choisit) passe en revue un certain nombre de candidats, variable selon les espèces. Chez le crapaud des joncs, le choix est limité puisque la femelle ne voit qu'un à trois mâles avant de se décider, alors que la femelle du crabe violonniste *Uca annulipes* peut aller jusqu'à examiner 24 mâles. Elle ne doit tout de même pas se montrer trop difficile car cette activité consomme beaucoup de temps et d'énergie, alors qu'il faut aussi se nourrir. De plus, la saison des amours est propice aux prédateurs qui tirent profit de ces proies inattentives et imprudentes.

On a vu que les individus qui présentent des particularités nouvelles sont recherchés : c'est l'« avantage du plus rare » (voir p. 28). Mais ce phénomène est paradoxal : un trait particulier ne le reste pas bien longtemps s'il est choisi préférentiellement par les femelles.

Comme elles le transmettent à leurs descendants et que ces derniers sont donc eux-mêmes très séduisants, la nouveauté se répandra rapidement dans la population et perdra son côté attirant. Cependant, il se présente toujours des nouveautés (par mutations par exemple). La diversité de la population ne diminue donc pas. De plus, le conjoint idéal n'est pas le même pour toutes les femelles. Leur choix se portera souvent sur le partenaire le plus compatible plutôt que sur l'intrinsèquement meilleur. Enfin, dans la plupart des espèces, chacun cherche à séduire plusieurs partenaires, ce qui contribue à s'assurer que la génération suivante sera tout aussi variée que la précédente.

Le choix du conjoint ne dépend pas seulement de son capital séduction. D'ordinaire, d'autres éléments entrent en jeu, susceptibles de considérablement réduire l'autonomie des femelles. Les compétitions entre mâles peuvent ainsi aboutir à empêcher les femelles d'exercer leur libre arbitre ou de le limiter aux mâles dominants.

Chez les mammifères, la femelle est généralement plus petite que le mâle, surtout dans les espèces où les mâles dominants tiennent sous leur coupe un groupe de femelles, le « harem ». Ils se montrent alors souvent agressifs en période de reproduction, à tel point que les éthologistes ont qualifié leur comportement de harcèlement et en évaluent les conséquences pour l'espèce. Cela se produit chez les cerfs ou les daims, mais aussi chez les lions, les otaries et les primates. Le coût en est parfois élevé pour les femelles ou pour les petits. Ainsi, chez l'éléphant de mer du Sud, le mâle est trois à quatre fois plus lourd que la femelle. Bien qu'il puisse dépasser les 3 tonnes, il est aussi plus agile à terre et ses fortes canines le rendent dangereux. Les mâles dominants, ou pachas, contrôlent un harem de plusieurs dizaines de femelles et empêchent violemment toute approche des jeunes mâles. Ceux-ci sont exaspérés par la frustration et leur taux de testostérone est si élevé qu'ils tentent de s'accoupler avec les petits ou avec des manchots (avant de les dévorer...). Quant aux femelles, elles ne tiennent pas du tout à les voir s'approcher car ils les mordent souvent. Quand cela se produit, elles protestent vivement et appellent à l'aide le pacha qui réduit par la force le niveau d'agression de ses rivaux sans pour autant se montrer particulièrement tendre avec ses femelles. Pour éviter le harcèlement permanent dont elles sont victimes, celles-ci préfèrent rejoindre les grands harems, tenus par les mâles âgés les plus lourds et les plus puissants. L'accouplement peut être dangereux, car il arrive qu'elles étouffent sous le poids du pacha, mais le reste du temps, elles ne subissent pas les assauts des autres mâles. Selon les éthologistes, c'est ce harcèlement des mâles en période de reproduction qui est à l'origine des systèmes sociaux dits uni-mâles/multi-femelles (c'est-à-dire les harems) du cerf ou de l'éléphant de mer, systèmes qui permettent aux femelles de diluer le risque.

De même les biches, en « choisissant » le cerf qui a vaincu ses rivaux, trouvent aussi un protecteur contre les assauts des autres mâles. Elles semblent pourtant conserver une part d'indépendance. Pendant que les cerfs se mesurent les uns aux autres, elles se déplacent volontiers, passant d'un territoire et d'un harem à l'autre. Leurs mouvements modifient ainsi les résultats des combats des mâles. Elles préfèrent les harems les plus nombreux mais en réalité, on ne sait pas si elles effectuent ces déplacements pour rejoindre le mâle qu'elles auraient choisi ou pour une autre raison, par exemple pour éviter le risque de consanguinité ou parce qu'elles préfèrent les grands troupeaux de femelles.

Pour la plupart des animaux, la séduction est donc une affaire autant collective que personnelle. Chez les mouches, les grenouilles ou les poissons, on ne décèle pas de préférences individuelles. Leurs choix sont fondés sur des signaux informatifs, mais les réponses apportées à ces appels sont des réflexes qui ne supposent aucune émotion particulière, d'autant plus que les animaux ne se côtoient pas en dehors de la période de reproduction.

Il en est peut-être autrement chez certains oiseaux, comme les corbeaux qui semblent montrer des préférences d'ordre amical au sein des colonies. La compréhension fine de leur comportement est encore insuffisante pour savoir si ces inclinations jouent aussi un rôle dans la formation des couples. En revanche, on sait que chez les mammifères sociaux, les individus développent des préférences amicales et sans doute amoureuses. Dans de nombreuses espèces de primates, les femelles montrent de nettes préférences pour certains mâles et en rejettent clairement d'autres.

Séduction et évolution

Même si l'on emploie moins volontiers le terme de séduction chez les mouches ou les vers, il s'agit dans tous les cas de sélection sexuelle, un phénomène qui joue un rôle essentiel dans l'évolution des espèces. On a pu le constater chez le ver de farine *Tribolium castaneum* au cours d'une expérience qui a duré dix ans. Les insectes ont d'abord été séparés en deux groupes élevés dans des conditions différentes. Les uns avaient la possibilité de choisir leurs partenaires au sein d'une large population, alors que les autres étaient séparés par couples, chacun devant se contenter du conjoint proposé par les chercheurs. Après une cinquantaine de générations, les deux populations ont été soumises à un régime de reproduction consanguine entre frères et sœurs, une situation connue pour augmenter la fréquence et la gravité des anomalies génétiques. Les individus qui avaient auparavant subi une faible sélection ont rapidement décliné : en dix générations, ils avaient tous disparu. Au contraire, ceux qui avaient pu choisir leurs conjoints ont mieux supporté la consanguinité. Après vingt générations, certains d'entre eux continuaient à se reproduire. Ainsi, le simple fait de pouvoir exercer un choix permet d'engendrer des descendants de bien meilleure qualité : séduire, c'est aussi enrichir l'espèce !

Mais ce n'est pas tout : cette sélection sexuelle est aussi capable de modeler les espèces. Même si, individuellement, les femelles n'ont pas toujours la possibilité d'exercer un choix personnel, collectivement elles soumettent par leurs exigences les mâles à une forte pression de sélection, ce qui au cours de l'évolution peut aboutir au développement d'organes particuliers. Lorsqu'elles manifestent leur préférence pour certains mâles, elles transmettent les caractéristiques de ceux-ci à leurs fils. Elles lèguent également leurs propres préférences à leurs filles, qui exerceront les mêmes choix que leurs mères. Ainsi, les biches sont séduites par les mâles à grands bois, et ce caractère va prendre de plus en plus d'ampleur. Parallèlement, leur goût pour cet ornement se renforcera au cours des générations. L'apparence des animaux, leur anatomie et leur comportement sont ainsi modelés par les préférences exercées par les individus en quête de partenaires.

Ce phénomène est aussi l'un des facteurs majeurs de l'apparition de nouvelles espèces. En effet, les différences entre populations se creusent d'autant plus vite que les choix nuptiaux sont tranchés. Dans chaque espèce, le chant des oiseaux varie d'une région à l'autre du fait de l'importance de l'apprentissage au cours du développement des poussins. Souvent les femelles sont plus attirées par les chants de mâles de leur propre région. Chez le pouillot verdâtre, les chants divergent dans les populations qui entourent l'Himalaya, à l'est et à l'ouest, à partir de leur foyer originel situé au sud du massif montagneux.

Au nord, les deux populations issues des deux lignées est et ouest sont voisines, mais leurs chants sont si différents qu'elles ne se reconnaissent plus. Toute reproduction est impossible entre les deux groupes, ce qui correspond précisément à la définition de l'espèce.

CHEZ LES HUMAINS

Les différences entre hommes et femmes sont également le résultat de la sélection sexuelle au cours de notre évolution. De nombreuses caractéristiques humaines ont sans doute été modelées par la séduction. On a vu précédemment les exemples de la pilosité, de la forme du corps et des traits du visage. On pourrait aussi lui attribuer l'origine de la bipédie chez nos très lointains ancêtres, qui vivaient il y a 7 ou 8 millions d'années et qui n'étaient pas encore humains. C'est en effet à cette époque que des grands singes ont commencé à abandonner leur quadrupédie initiale (associée à une vie arboricole) et à adopter de plus en plus souvent la station debout. Chez les chimpanzés et gorilles actuels, la bipédie est parfois une attitude d'intimidation des mâles qui cherchent à écarter leurs rivaux. Chez ces anciens primates, elle présentait d'autres avantages comme la possibilité de porter plus facilement des objets ou de la nourriture au cours des déplacements. On peut imaginer que cette capacité fort utile ait rendu particulièrement séduisants les individus les plus enclins à la bipédie, pour des raisons anatomiques ou comportementales.

Si l'origine de cette transformation, qui a joué un rôle si important dans notre évolution, n'est pas connue, on peut de la même façon chercher dans le monde animal des explications à d'autres caractéristiques humaines, de notre attrait pour les tenues les plus extravagantes à notre passion pour la musique et la danse. Certains musicologues voient ainsi l'origine conjointe de la musique et de la danse dans les parades de séduction des animaux. Nous n'en avons certainement pas directement hérité, puisque nos plus proches cousins, les chimpanzés, ne chantent pas et ne produisent pas de musique. Quant aux oiseaux, ce sont des parents bien plus lointains. Mais l'observation des animaux nous a sans doute donné d'innombrables exemples de séduction, en nous proposant d'associer parfums, chants et danses aux mots doux typiquement humains.

Bon choix ou loterie ?

Comment s'assurer qu'en matière de séduction, un couple humain a fait « le bon choix » ? Les deux protagonistes peuvent-ils aller si bien ensemble que leur union représente une évidence ? Nous avons vu que la majorité des couples s'avéraient bien assortis sur le plan social (voir p. 39). Mais qu'en est-il du physique ? Un bel homme et une femme au physique ingrat, ou une belle femme et un homme disgracieux, auraient statistiquement moins de chances de rester longtemps ensemble (les contraires ne s'attirent donc pas tant que cela). Si les deux protagonistes sont jugés laids, ils seraient encore plus mal partis, toujours statistiquement. Par contre, si les deux sont beaux, ils mettraient les meilleures chances de leur côté.

Mais que chacun se console : au fil du temps, les deux tourtereaux, quelle que soit leur beauté, se ressemblent de plus en plus.

Des études ont montré qu'il est souvent possible de reconstituer intuitivement des couples inconnus sur la seule foi de photos séparées. Et les vieux couples partagent non seulement de plus en plus d'habitudes et de rituels, mais aussi certaines mimiques, certains gestes, qui se synchronisent. On déteint donc l'un sur l'autre : qui se ressemble s'assemble, et se ressemble de plus en plus, donc s'assemble toujours mieux. Enfin… en théorie, car les prises de bec aussi peuvent devenir rituelles !

De plus en plus fort : certaines recherches pour le moins pittoresques insinuent que statistiquement, la longueur des oreilles, des bras, des doigts, serait plus proche au sein des couples qu'entre deux personnes prises au hasard dans la population. De même, les prénoms des personnes en couple commenceraient anormalement souvent par la même lettre ou la même syllabe, comme l'ont vérifié plusieurs études dans différents pays européens et états américains, ainsi que l'analyse de registres de mariages. Miracle de l'amour ? Hélas non, car, à y regarder de plus près, nous avons tous tendance à préférer aussi une personnalité politique, voire un simple produit de consommation dont le nom rappelle le nôtre (on parle de « name-letter effect »). Bien sûr, il convient d'être prudent avant d'en tirer des conclusions trop hâtives.

La vallée de l'étrange

Nous paraissons donc plus facilement séduits par quelqu'un qui nous ressemble sociologiquement, culturellement et physiologiquement. Comme si nous cherchions notre double, notre alter ego, notre moitié. Les sites de rencontre ne s'y trompent pas, qui nous proposent de remplir des formulaires pour cibler le plus précisément possible des partenaires susceptibles de nous convenir, sans mauvaise surprise. Voire sans surprise du tout. Or, l'absence de surprise est un tue-l'amour assuré.

Pourtant, plus on creuse et plus la tendance se confirme : diverses études montrent que nous préférons un(e) partenaire qui soit, à notre insu bien sûr, le plus génétiquement compatible, mais, et la nuance est de taille, sans pour autant que nos patrimoines génétiques se confondent (une des raisons qui expliqueraient l'aversion générale pour l'inceste). La nature a besoin d'une certaine marge de manœuvre pour brasser nos gènes au mieux, notamment pour assurer la complémentarité optimale de nos systèmes immunitaires. Les mêmes préférences semblent fréquemment observées dans le choix de nos amis, d'après une étude de 2014. Avec l'amour naissant, au moment de séduire et d'être séduit, nous abordons les rivages de la « vallée de l'étrange », pour reprendre un concept, parfois contesté, de... robotique : nous sommes troublés, voire charmés, par un robot ressemblant à un humain, jusqu'à un certain seuil au-delà duquel le malaise s'installe. Il en va de même en séduction et en amour : quelqu'un qui nous ressemble, oui ; avec qui nous sommes interchangeable, non. Nous cherchons quelqu'un qui ne soit ni tout à fait nous-même, ni tout à fait un(e) autre, pour paraphraser Paul Verlaine. Et nous voila bien avancés !

Ils vécurent heureux et eurent de beaux enfants

Bouclons la boucle en revenant à l'exemple que j'évoquais dans l'introduction : la séduction entre ma future épouse et moi (l'auteur des parties consacrées aux humains). Recevoir une gifle dans les premières secondes d'une relation, puis endurer dix-huit mois de mépris réciproque au fil de rares et fortuites entrevues, voilà qui semble défier toutes les grandes lois dégagées par les recherches de psychologie en matière de formation d'un couple (dire que si j'avais été une araignée, mon refus aurait pu me valoir d'être dévoré, je l'ai échappé belle !). Dans le détail, c'est encore pire. Si elle avait un tant soit peu respecté les schémas attendus, ma future femme aurait dû craquer pour un visage symétrique (le mien ne l'est pas tout à fait), des épaules larges (laissez-moi rire) et une attitude de domination (c'est justement ce qui m'a valu une bonne claque). A titre personnel, elle se sentait plutôt attirée par les hommes glabres aux cheveux bouclés (en clair, un anti-Marmion). Mon statut social ? J'étais alors sans le sou. Mes deux seuls atouts, à en croire le livre que vous venez de lire : j'avais quelques années de plus qu'elle (et m'en serais bien passé) et j'avais de l'humour. Je me souviens très bien que le fameux soir où notre histoire a vraiment commencé, je me suis retrouvé par hasard près d'elle lors d'une soirée et j'ai fait feu de tout bois pour la faire rire. Pour rire, elle a ri ! Sans arrêt, à gorge déployée. Je me suis senti très intelligent, plein d'assurance, encouragé à tenter ma chance. J'ai compris plus tard qu'elle avait tendance à rire très fort et très souvent, pas seulement à mes blagues à moi. Comme quoi, en effet, « sur un malentendu, ça peut marcher », ainsi que l'a brillamment synthétisé Jean-Claude Dusse, le saint patron français des séducteurs modernes.

Voilà la grande leçon de la séduction chez les humains. Vous pouvez gagner avec une mauvaise donne de départ, sans forcément bluffer, ou alterner les réussites et les échecs. Vous n'aurez peut-être qu'un ou deux atouts dans votre jeu, mais la façon dont vous en jouerez n'appartient qu'à vous. Elle est en lien avec votre personnalité. Unique. Infiniment plus complexe que celle d'un chat, pour ne citer qu'une des rares espèces pour lesquelles on puisse vraiment parler de personnalité, à nos yeux d'humains en tout cas. La nature vous pousse vers des amours possibles, et c'est très bien ainsi. Mais en plus de la sélection naturelle, il faut compter avec une sélection culturelle et personnelle : votre humour, votre histoire, votre volonté, votre vision de la vie compatible ou non avec celle de votre partenaire, tout cela fera la différence. Il y a la nature, et votre nature. Pas besoin d'être le plus fort ou le plus malin, on peut être aimé toute sa vie en dépit de, voire grâce à, ses faiblesses ou sa vulnérabilité. Voilà un grand paradoxe dévoilé par les recherches sur la séduction chez les humains : collectivement, nous sommes bien plus déterminés par notre héritage biologique que nous n'aimons le croire, mais individuellement, nous sommes radicalement imprévisibles. Et après tout, c'est ce qui fait notre charme...

Bibliographie

Marie-France Agnoletti, *La Perception des personnes. Psychologie des premières rencontres*, Dunod, 2016.

Catherine Bouvet, *Manipulations olfactives*, Payot, 2013.

Philippe Brenot, *Le sexe et l'amour*, Odile Jacob, 2010.

Etienne Danchin, Luc Alain Giraldeau, Franck Cézilly, *Ecologie comportementale*, Dunod, 2005.

Jean-Hugues Déchaux, *Sociologie de la famille*, La Découverte, 2009.

Helen Fisher, *Pourquoi nous aimons ?*, Robert Laffont, 2006 ; *Histoire naturelle de l'amour,* Hachette, 2008.

Alain Froment, *Anatomie impertinente*, Odile Jacob, 2013.

Philippe Gouillou, *Pourquoi les femmes des riches sont belles. Programmation génétique et compétition sexuelle*, De Boeck, nouv. éd, 2014.

Pierre-Henri Gouyon, *Aux origines de la sexualité*, Fayard, 2009.

Nicolas Guéguen, *Psychologie de la séduction*, Dunod, 2014.

Pierre Jouventin, *Les confessions d'un primate*, Belin, 2001.

Lubovir Lamy, *L'Amour ne doit rien au hasard*, Eyrolles, 2e éd., 2007 ; *Les vrais signes de l'amour naissant*, Payot, 2012.

Patrick Lemoine, *Séduire. Comment l'amour vient aux humains*, Robert Laffont, 2010.

Michel Raymond, *Cro-magon toi-même ! Petit guide darwinien de la vie quotidienne*, Seuil, 2011.

Serge Stoléru, *Un cerveau nommé désir,* Odile Jacob, 2016.

Priscille Touraille, *Hommes grands, femmes petites : une évolution coûteuse,* Editions de la Maison des sciences de l'homme, 2014.

Lucy Vincent. *Comment devient-on amoureux ?,* Odile Jacob, 2006 ; *L'Amour de A à XY*, Odile Jacob, 2012.

Lance Workman et Will Reader, *Psychologie évolutionniste. Une introduction*, De Boeck, 2007.

Robert Wright, *L'Animal moral. Psychologie évolutionniste et vie quotidienne*, Folio, 2005.

Pour en savoir plus

David M. Buss, *The Evolution of Desire. Strategies of human mating*, 3e éd., Basic Books, 2016.

Robert J. Sternberg et Karin Weis (Dir.), *The New Psychology of Love*, Yale university Press, 2006.

Trois revues :

Evolutionary Psychology
Evolution, Mind and Behaviour
Evolution and Human Behaviour

Pour aller plus loin (vraiment plus loin…)

Bailey N. W., Zuk Marlene (2009), *Same-sex sexual behavior and evolution,* Trends in Ecology & Evolution, 24(8) : 439-46.

Boogert N. J., Fawcett Tim W., Lefebvre Louis (2011), *Mate choice for cognitive traits : a review of the evidence in nonhuman vertebrates.* Behavioral Ecology, 22 (3) : 447-459.

Byers B. E., Kroodsma Donald E. (2009), *Female mate choice and songbird song repertoires,* Animal Behaviour, 77 (1) : 13–22.

Byers J. *et al.* (2010), *Female mate choice based upon male motor performance,* Animal Behaviour 79 : 771–773.

Clutton-Brock T., McAuliffe K. (2009), *Female mate choice in mammals.* Quarterly Review of Biology, 84(1) : 3-27.

Dalziell A. H., Peters R. A., Cockburn A., Dorland A. D., Maisey A. C., Magrath R. D. (2013), *Dance Choreography Is Coordinated with Song Repertoire in a Complex Avian Display,* Current Biology, (12) : 1132-1135.

Debat Vincent (2016), *Symmetry is beauty – or is it ? Grandeur et décadence de l'asymétrie fluctuante,* Médecine/Sciences, n° 8-9, vol. 32 : 774-80.

Driscoll Emily V. (2016), *Bisexual Species,* Scientific American 25, 50-55.

Ellis E. A., Oakley Todd H. (2016), *High Rates of Species Accumulation in Animals with Bioluminescent Courtship Displays,* Current Biology, 26 (14) : 1916–1921.

Galef Bennett G., Lim Terence C. W., Gilbert Geoffrey S. (2008), *Evidence of mate choice copying in Norway rats,* Rattus norvegicus, Animal Behaviour. 75, 1117-1123.

Girard, M. B., Kasumovic, M. M., Elias, D. O. (2011), *Multi-modal courtship in the peacock spider,* Maratus volans *(O. P.-Cambridge, 1874)*, Plos ONE, 6, e25390.

Gwynne D. T. (2008). *Sexual conflict over nuptial gifts in insects.* Annual Review of Entomology, 53 (pg. 83-101).

Hughes K. A., Houde Anne E., Price Anna C., Rodd F. Helen (2013), *Mating advantage for rare males in wild guppy populations,* Nature 503, 108–110.

Jelínek V., Požgayová M., Honza M., Procházka P. (2016), *Nest as an extended phenotype signal of female quality in the great reed warbler,* Journal of avian biology, 47 (3) : 428–437.

Jones A. G., Ratterman Nicholas L. (2009), *Mate choice and sexual selection : What have we learned since Darwin ?,* Proceedings of the National Academy of Sciences, vol. 106 suppl. 1 : 10001–10008.

Kawase Hiroshi, Okata Yoji, Ito Kimiaki (2013), *Role of Huge Geometric Circular Structures in the Reproduction of a Marine Pufferfish,* Scientific Reports 3 : 2106.

Keagy J., Savard J. F., Borgia G. (2009), *Male satin bowerbird problem-solving ability predicts mating success,* Animal Behaviour, 78 (4) : 809-817.

Loyau Adeline, Cornuau Jérémie H., Clobert Jean, Danchin Étienne (2012), *Incestuous Sisters : Mate Preference for Brothers over Unrelated Males in Drosophila melanogaster,* PLoS ONE 7(12) : e51293.

Mery Frederic, Varela Susana A. M., Danchin Etienne, Blanchet Simon, Parejo Deseada, Coolen Isabelle, Wagner Richard H. (2009), *Public Versus Personal Information for Mate Copying in an Invertebrate,* Current Biology. 19, 730-734.

Moore Monica M. (2010), *Human Nonverbal Courtship Behavior. A Brief Historical Review*, Journal of sex research, 47(2–3) : 171–180.

Muller Martin N., Thompson Melissa Emery, Wrangham Richard W. (2006), *Male Chimpanzees Prefer Mating with Old Females*, Current Biology 16, 2234-2238.

Perrot Charlotte, Béchet Arnaud, Hanzen Céline, Arnaud Antoine, Pradel Roger, Cézilly Frank (2016), *Sexual display complexity varies non-linearly with age and predicts breeding status in greater flamingos*, Scientific Reports 6 : 36242.

Pogany A., Szekely T. (2007), *Female choice in the penduline tit* Remiz pendulinus *: the effects of nest size and male mask size*, Behaviour, 144 (4) : 411 – 427.

Prenter John, MacNeil Calum, Elwood Robert W. (2006), *Evolutionary Significance of Sexual Cannibalism*, Animal Behaviour, 71 (3) : 481-490.

Richardson Christina, Joly Pierre, Léna Jean-Paul, Plénet Sandrine, Lengagne Thierry (2010), *The challenge of finding a high-quality male : a treefrog solution based on female assessment of male calls*, Behaviour, 147 (13) : 1737- 1752.

Setchell Joanna M. (2005), *Do Female Mandrills Prefer Brightly Colored Males ?*, International journal of primatology, 26 (4). pp. 715-735.

Simard David (2014), *La controverse de l'attirance sexuelle par les phéromones chez l'être humain*, Sexologies, Elsevier, 23 (1) : 23-28.

Stopher K. V, Nussey D. H., Clutton-Brock T. H., Guinness F., Morris A., Pemberton J. M. (2011), *The red deer rut revisited : female excursions but no evidence females move to mate with preferred males*, Behavioral Ecology, 22 : 808–818.

Tobias Joseph A., Montgomerie Robert, Lyon Bruce E. (2012), *The evolution of female ornaments and weaponry : social selection, sexual selection and ecological competition,* Philos Trans R Soc Lond B Biol Sci. 2012 Aug 19 ; 367(1600) : 2274–2293.

Winternitz J., Abbate J. L., Huchard E., Havlíček J., Garamszegi L. Z. (2017), *Patterns of MHC-dependent mate selection in humans and nonhuman primates : a meta-analysis,* Molecular Ecology 26 :668-688.

Remerciements

Merci à Benoît Richard qui a su me séduire avec ses propositions (éditoriales) alléchantes, sa confiance et ses qualités de chef d'orchestre.

Merci à Jean-Baptiste de Panafieu pour ses suggestions, et surtout bravo pour sa maestria. J'espère qu'aux yeux de nos lecteurs, nous aurons formé un beau couple.

Merci à Delphine Kopff-Hausser pour sa relecture attentive du manuscrit. On voit toujours ça dans les remerciements, mais en l'occurrence j'ai compris combien c'était précieux.

Je remercie les psychologues qui multiplient les recherches parfois un rien contradictoires, simplificatrices et sexistes sur la séduction chez les humains. Grâce à eux, j'ai appris ce que pouvaient représenter de vrais moments de découragement. Mais j'ai appris aussi à les surmonter.

Jean-François Marmion

Les auteurs

Jean-Baptiste de Panafieu est auteur, professeur agrégé en sciences naturelles et spécialiste en biologie. Il réalise également des documentaires pour la télévision.

Jean-François Marmion est rédacteur en chef du magazine *Le cercle psy* et journaliste spécialisé en psychologie à la revue *Sciences Humaines.*

Textes : Jean-Baptiste de Panafieu, Jean-François Marmion. Préface : Boris Cyrulnik.
Coordination éditoriale : Benoît Richard
Relecture : Delphine Kopff-Hausser
Conception graphique : Fabienne Gabaude

Dépôt légal : octobre 2017
ISBN : 978-2-940584-29-1
Imprimé en France par Aubin à Ligugé (86).

salamandre
Parce que la nature est belle

Née de la passion d'un enfant en 1983, La Salamandre est aujourd'hui une maison d'édition franco-suisse indépendante et sans but lucratif. Depuis plus de 30 ans, nous faisons découvrir la beauté d'une nature authentique avec des revues, des livres et des films réalisés avec une grande exigence de qualité. Chacune de nos productions est conçue de manière à limiter au maximum son impact environnemental.